HAUFFE · PATENTDOKUMENTATION

PATENTDOKUMENTATION

MIT BEGRIFFSKETTEN UND STELLKARTEI

VON

DR.-ING. GERHARD HAUFFE

OBERREGIERUNGSRAT BEIM DEUTSCHEN PATENTAMT

MIT 14 TAFELN
UND 3 ABBILDUNGEN

WALTER DE GRUYTER & CO.

VORMALS G. J. GÖSCHEN'SCHE VERLAGSHANDLUNG · J. GUTTENTAG, VERLAGSBUCHHANDLUNG · GEORG REIMER · KARL J. TRÜBNER · VEIT & COMP.

BERLIN 1962

Printed in Germany. — Archiv-Nr. 13 57 62 1. — Satz und Druck: Walter de Gruyter & Co., Berlin W 30

Vorwort

Die Anfänge des Aufbaues einer Begriffsketten-Fundstellen-Stellkartei gehen bereits auf die Jahre vor 1938 zurück. 1938 erschienen zwei erste Berichte, in denen die Kartei allerdings noch nicht mit ihrem jetzigen Namen bezeichnet wurde. Die Arbeiten an ihr mußten während des zweiten Weltkrieges unterbrochen werden — mehr noch: die Kartei wurde ein Raub der Flammen. Nach Neueröffnung des Deutschen Patentamtes im Jahre 1949 wurden die Dokumentation und damit der Neuaufbau der Kartei intensiv wieder in Angriff genommen. Die Berichte aus den Jahren 1952, 1957 und 1959 geben darüber Auskunft. Im Laufe des Neuaufbaues wurden durch die praktische Handhabung der Kartei weitere Erkenntnisse für alle diejenigen Notwendigkeiten gesammelt, deren Berücksichtigung Versager im Rahmen des Menschenmöglichen ausschließt. Daß die im deutschsprachigen Schrifttum bisher wohl einzige umfassende und eingehende Studie über die „Grundfragen der Patentdokumentation" von Erich Meyer (München 1960) der Begriffsketten-Fundstellen-Stellkartei eine freundlich positive Beurteilung widmet, sei hierbei mit Dank vermerkt.

Jetzt kann die Entwicklung dieses rein manuellen unverschlüsselten Systemes der Patentdokumentation als abgeschlossen gelten. Es ist an der Zeit, zusammenfassend darüber zu berichten, weniger als Beitrag zu der gegenwärtig noch offenen Diskussion über die Patentdokumentation als vor allem zum Nutzen für eine wirklich zufriedenstellende praktische Arbeit auf diesem Gebiet.

Ich bin dem Verlag aufrichtig dankbar, daß er hierin meinen Plänen so bereitwillig und aufgeschlossen entgegenkam.

Vor allem habe ich — unabhängig von ihrer jeweiligen Besetzung — der Leitung sowohl des ehemaligen Reichspatentamtes als auch des jetzigen Deutschen Patentamtes zu danken, die meine Arbeiten in jeder Hinsicht mit reger Anteilnahme verfolgt, durch großzügige Bewilligung der hierfür erforderlichen Mittel, die sich übrigens in durchaus bescheidenem Rahmen halten, gefördert und durch stillschweigende Gewährung der unerläßlichen Aufbauzeit wirkungsvoll unterstützt hat.

München, im Sommer 1962

Gerhard Hauffe

Inhaltsverzeichnis

Seite

Vorwort 5

Verzeichnis der Tafeln 8

Abkürzungen 9

I. Einführung 13

1. Über die Dokumentation 13
2. Warum Patentdokumentation? 15
3. Praktische Möglichkeiten der Patentdokumentation 19
4. Die Stellkartei 20
5. Anforderungen an die Stellkartei 23
6. Begriffe und Begriffsketten 25
7. Die Stammbaumstruktur der Technik 38

II. Der Aufbau der Begriffsketten-Fundstellen-Stellkartei 41

1. Das Karten-Material 41
2. Die Karten-Kategorien 42
3. Stammkarten 42
4. Leitkarten 44
5. Hinweiskarten 47
6. Ergänzungskarten 57
7. Fundstellenkarten 58
8. Wasserkopfkarten 64
9. Ausreißer 68
10. Was soll gespeichert werden? 72
11. Schrifttumsauswertung 75
12. Einsatz von Hilfskräften 80
13. Recherchen mit der Begriffsketten-Fundstellen-Stellkartei 81
14. Zur Rationalisierung der Patentdokumentation 84

III. Ausblick 85

Anmerkungen 91

Literaturverzeichnis 94

Autorenregister 106

Sachregister 109

Verzeichnis der Tafeln

Seite

I Schrifttums-Fundstellen für Daten zur Fachliteraturflut 14

II Originalarbeiten über die Dokumentation (ohne die Patentdokumentation) im Ausland in den Nachr.Dok. 1 (1950) ff. 16

III Schrifttum der letzten 100 Jahre, das bei der Neuheitsprüfung in Betracht zu ziehen ist 18

IV Zur Beschränkung der dokumentationswürdigen Begriffe 22/23

V Störungsanzeigen als Beispiel für die Feinaufgliederung des Schrifttums 25

VI Als äquivalente Begriffe gebrauchte Worte im Schrifttum zur Patentdokumentation 29

VII Die Gliederung des Sachgebietes „Elektrische Lokomotiven“ 40

VIII Verknüpfung der Karte mit dem Kopf . . . .
Drosselspulen
Gleichstromvormagnetisierte —
Regelung — r —
Selbsttätige— — — 55

IX Zur Kennzeichnung „diskreter“ Textstellen auf Zeitschriftenseiten . . 62

X Zur Kennzeichnung von Zugehörigkeit und Standort deutscher und außerdeutscher Patentschriften 64

XI Kennzeichnung bestimmter Textstellen in Patentschriften 65

XII Beispiel für eine Grobauswertung (Auswertebogen) 74

XIII Dokumentationswürdige zusammengesetzte Begriffe 76/77

XIV Neu gebildete speicherwürdige Begriffe 78

Abkürzungen

ACS	= American Chemical Society
AEG-Mitt.	= AEG-Mitteilungen, Berlin
Am. Document.	= American Documentation, Washington
Angew. Chem.	= Angewandte Chemie, Frankfurt a. M.
Anspr.	= Anspruch
ASLIB	= Association of Special Libraries & Information Bureau
ASLIB Proc.	= ASLIB Proceedings, London
ATM	= Archiv für Technisches Messen, München
AWV	= Arbeitskreis für wirtschaftliche Verwaltung
B.	= Bibliothek
BBC Mitt. Mannh.	= BBC Mitteilungen Mannheim
Beih.	= Beiheft
Biblos	= Oesterreichische Zeitschrift für Buch- und Bibliothekswesen, Dokumentation, Bibliographie und Bibliophilie, Wien
Bl. f. PMZ	= Blatt für Patent-, Muster- und Zeichenwesen, München
B. S. T. J.	= The Bell System Technical Journal, New York
Bull. schweiz. elektrotechn. Ver.	= Bulletin des schweizerischen elektrotechnischen Vereins, Zürich
Chem. Eng. News	= Chemical and Engineering News, Easton/Pa.
CNOF	= Comité National de l'Organisation Française
Conf.	= Conférence
Corp.	= Corporation
DAS	= Deutsche Auslegeschrift
DDR-PS	= Patentschrift der Deutschen Demokratischen Republik
DFW	= Dokumentation, Fachbibliothek, Werksbücherei, Hannover
Dokumentation	= Dokumentation, Zeitschrift für Theorie und Praxis der Dokumentationsarbeit, Leipzig
DPS	= Deutsche Patentschrift
ed.	= edition (Auflage)
El. Bahn.	= Elektrische Bahnen, München
Elektrizitätswirtsch.	= Elektrizitätswirtschaft, Frankfurt a. M.
ETZ	= Elektrotechnische Zeitschrift, Berlin
ETZ-A	= do. Ausgabe A, Berlin
ETZ-B	= do. Ausgabe B, Berlin
EuM	= Elektrotechnik und Maschinenbau, Wien
EuV	= Erfindungs- und Vorschlagswesen, Berlin

Festansprache	= Scherrer, P.: Die Bibliothek des Deutschen Patentamtes und die kulturellen Aufgaben technischer Bibliotheken, Carl Heymanns Verlag K.G. 1959, München-Köln-Berlin
FID	= Fédération Internationale de Documentation
Gaz.	= Gazette
Gl.	= Gleichung
GRUR	= Gewerblicher Rechtsschutz und Urheberrecht, Weinheim/Bergstraße
IBM	= Internationale Büro-Maschinen Gesellschaft
IBM Journal	= IBM Journal of Research and Development, New York
IBM-Nachr.	= IBM-Nachrichten, herausgegeben von der IBM Deutschland, Internationale Büro-Maschinen Gesellschaft m. b. H., Sindelfingen bei Stuttgart
Ind. Eng. Chem.	= Industrial and Engineering Chemistry, Washington
Inf.	= Information
Inst.	= Institution
Int.	= International
J	= Journal
J. Doc.	= The Journal of Documentation, London
J. Inst. Engrs. Australia	= The Journal of the Institution of Engineers, Australia, Sidney
JPOS	= Journal of the Patent Office Society, Washington
l. c.	= loco citato
l. l.	= linke Spalte, letzter Absatz
Ltd.	= Limited
l. v.	= linke Spalte, vorletzter Absatz
m.	= mittlere Spalte
Mitt.	= Mitteilungen der Deutschen Patentanwälte, München-Köln-Berlin
Nachr. Dok.	= Nachrichten für Dokumentation, Frankfurt a. M.
Nachr. VSB-SVD	= Nachrichten der Vereinigung Schweizerischer Bibliothekare und der Schweizerischen Vereinigung für Dokumentation, Bern
NSF	= National Science Foundation
Off.	= Office
Off. Gaz.	= Official Gazette
Pa.	= Pennsylvania
Pat. Off.	= Patent Office
Pat. Off. Rev. Dev. Rep.	= Patent Office Research and Development Report(s), Washington
Ph	= Photokopie

Pos.	= Position
Proc.	= Proceedings
PS	= Patentschrift
Publ. Corp.	= Publishing Corporation
r.	= rechte Spalte
Rep.	= Report(s)
Res.	= Research
Rev. Doc.	= Revue de la Documentation, La Haye (Den Haag)
Reyon	= Reyon, Zellwolle und andere Chemiefasern, Frankfurt a. M.
RGBl	= Reichsgesetzblatt
r. v.	= rechte Spalte, vorletzter Absatz
SBZ	= Schweizerische Bauzeitung, Zürich
Schwed. PS	= Schwedische Patentschrift
Schweiz. PS	= Schweizerische Patentschrift
SEAC	= Standard's Electronic Automatic Computer
Techn.	= Technical
u.	= unten bzw. unter
U.-Anspr.	= Unteranspruch
Umschau	= Die Umschau in Wissenschaft und Technik, Frankfurt a. M.
USA-PS	= Patentschrift der Vereinigten Staaten von Amerika
v.	= vorletzter Absatz
VDI-Nachr.	= Nachrichten des Vereins Deutscher Ingenieure, Düsseldorf
VDI-Z	= Zeitschrift des Vereins Deutscher Ingenieure, Düsseldorf
v. u.	= von unten
Z.	= Zeile(n) bzw. Zeitschrift
Z für O	= Zeitschrift für Organisation, Wiesbaden
1.	= erster Absatz (einer Seite bzw. einer Spalte) bzw. erste Spalte (bei Seiten mit mehr als drei Spalten)
2.	= zweiter Absatz bzw. zweite Spalte (wie vorstehend) usw.
3. v. u.	= dritter Absatz von unten

I. Einführung

1. Über die Dokumentation

Die Fülle des erarbeiteten Wissens ist heute — gleichviel auf welchem Sondergebiet — so ungeheuer groß, daß die Kapazität des Gedächtnisses, des menschlichen Wissensspeichers, nicht ausreicht, dieses Wissen zu fassen. Es besteht somit ein dringender Bedarf an Speichermitteln, die das menschliche Gedächtnis wirksam entlasten.

In der Literatur ist die Zahl der Veröffentlichungen kaum mehr zu übersehen, obwohl sich das Gebotene auf die verschiedensten Gebiete des Geistes verteilt. Jedem Arbeitenden drängen sich allenthalben ernste Fragen auf: Wie ist dieses Schrifttum zu bewältigen? Steht in allen Neuerscheinungen wirklich *etwas* oder gar *nur* Neues? Ist die Literatur an irgendeiner Stelle oder in irgendeiner Weise so geordnet, daß das wirklich Wertvolle in ihr jederzeit schnell wieder aufgefunden werden kann?

Die Klagen über die „Literaturflut" wollen nicht mehr verstummen. Auch auf dem Gebiet des technischen Schrifttums ist dieser Begriff zu einem feststehenden geworden[1]. Reiches Zahlenmaterial hierzu veröffentlichte R. S. Schultze[2]. Weitere in der Literatur verstreute Zahlenangaben sind nach Autor und Fundstelle in Tafel I (S. 14) zusammengestellt.

Die in den angeführten Veröffentlichungen mitgeteilten Zahlen sprechen für sich und bedürfen keiner weiteren Erläuterung. Sie begründen ausreichend das Verlangen der Fachwelt nach einer befriedigenden Sichtung und Ordnung des umfangreichen technischen Schrifttums, den Ruf nach einer leistungsfähigen „Dokumentation".

Die Erörterungen über die Definition des Begriffes „Dokumentation" sind noch immer nicht abgeschlossen[3], obwohl nach E. Pietsch[4] der Begriff im Schrifttum bereits im Jahre 1920 erstmalig aufgetaucht ist.

Die Begriffsbestimmung des Wortes „Dokumentation" ergibt sich am zwanglosesten aus den Aufgaben und Zielen, die der Dokumentation gestellt sind. Mit diesen Fragen haben sich viele Autoren befaßt. Von ihnen seien in Auswahl H. Dickmann[5], O. Frank[6], K. Kägi[7], J. Koblitz[8], E. Meyer[9], E. Pechhold[10] und P. Scherrer[11] genannt. Übereinstimmend wird von ihnen die Dokumentation als eine Tätigkeit bezeichnet, die die Auswertung

Tafel I

Schrifttums-Fundstellen für Daten zur Fachliteraturflut

Autor	Fundstelle
Albrecht, H. F.	Nachr. Dok. 9 (1958) S. 118 *r.* 3. v. u. ff.
Danilof, H.	Angew. Chemie 68 (1956) S. 176 *l. l.*
Danner, H.	GRUR 60 (1958) S. 316 *r.* 3.
Fuchs, K.	Nachr. Dok. 9 (1958) S. 210 *l.* 3.
Herrmann, E.	DFW 2 (1954) S. 55 *l. l.* ff.
Meyer, E., u. Heimerdinger, W.	Nachr. Dok. 9 (1958) S. 174 *l.* 4.
Pietsch, E.	Umschau 52 (1952) S. 513 *l.* ff.
Rubach, W.	Nachr. Dok. 9 (1958) S. 197 *l.* 3. v. u.
Scherrer, P.	Festansprache S. 11, 2. ff.
Siegel, H.	Mitt. 51 (1960) S. 68 *l.* v.
Voigt, H.	Bl. f. PMZ 54 (1952) S. 240 *l.* v.
van Waasbergen, Ir. P.	Nachr. Dok. 8 (1957) S. 178 *r.* 1.

(Analyse, Erschließung) des wissenschaftlichen Schrifttums und die Speicherung der Ergebnisse dieser Auswertung in einer solchen Form zur Aufgabe hat, daß diese Auswertungsergebnisse jederzeit schnell und mühelos wieder zur Verfügung gestellt werden können. Paul Scherrer hat die Dokumentation gekennzeichnet als „Funktion des unteilbaren Anliegens, die Summe des menschlichen Wissens verfügungsbereit zur Hand zu haben". Dieser Begriffsbestimmung seien noch einige Betrachtungen hinzugefügt:

Niemand wird leugnen wollen oder können, daß *jeder* Fachaufsatz und *jedes* Fachbuch bereits Wissensspeicher sind, vom Autor dazu bestimmt, der Nachwelt nach Möglichkeit überliefert und erhalten zu werden. Die „Griffigkeit" des so Gespeicherten wird gefördert:

a) bei Fachaufsätzen durch entweder freiwillige oder quasi obligatorische[12] Voranstellung einer (Inhalts-) Übersicht und Hinzufügung einer Zusammenfassung, durch Einfügung von Zwischenüberschriften[13] und genormte Abschnittsnumerierung[13],

b) bei Büchern durch ebenfalls wieder entweder freiwillige oder quasi obligatorische[14] Erstellung eines vorangestellten Inhaltsverzeichnisses und Hinzufügung eines alphabetischen Sachverzeichnisses und durch Gliederung in Haupt- und Unterabschnitte.

Ebenso ist *jede* Patentschrift ein Wissensspeicher. Die „Griffigkeit" des in ihr Gespeicherten wird gefördert durch die „Patentklassifikation", das ist die Aufgliederung der Patentschriften nach irgendwelchen — in verschiedenen Ländern vorläufig noch unterschiedlichen[15] — Ordnungsgesichtspunkten, und durch die Patentansprüche.

So gesehen erfüllten Teilmerkmale der Tätigkeit „Dokumentation" im Fachschrifttum bereits lang geübte Bräuche, noch bevor der Begriff „Dokumentation" überhaupt aus der Taufe gehoben worden war (1920!).

Damit stellt sich die Dokumentation dar als eine Umspeicherung von bereits Gespeichertem unter erheblich verschärften Anforderungen

a) an die systematische Aufgliederung des zu Speichernden,

b) an die „Griffigkeit" des Gespeicherten.

An dieser Stelle ist es für die bessere Orientierung zweckmäßig, einen Hinweis auf die Dokumentation im Ausland zu geben. Es genügt eine Übersicht über die Originalarbeiten, die in den „Nachrichten für Dokumentation" zu diesem Thema erschienen und in Tafel II (S. 16) nach Ländern geordnet zusammengestellt sind.

2. Warum Patentdokumentation?

Erfindungen sind Geistesprodukte und als solche beliebig oft wiederholbar. Mit Recht hat daher der Deutsche Gesetzgeber schon im ersten Deutschen Patentgesetz vom 25. 5. 1877[17] im § 1 von „neuen" Erfindungen gesprochen und diese im § 2 den nicht neuen, d. h. also den alten Erfindungen, gegenübergestellt. Danach galten als nicht neu alle diejenigen Erfindungen, die zur Zeit der Anmeldung in öffentlichen Druckschriften bereits derart beschrieben *oder* im Inland bereits so offenkundig vorbenutzt waren, daß danach die Benutzung durch andere Sachverständige möglich erschien.

In die Novelle vom 7. 4. 1891[18] ist sodann eine zeitliche Beschränkung der als „neuheitsschädlich" geltenden öffentlichen Druckschriften auf die letzten hundert Jahre aufgenommen worden. Ursprünglich war also das bei der Neuheitsprüfung von Patentanmeldungen in Betracht zu ziehende öffentliche Schrifttum *weder* zeitlich *noch* geographisch beschränkt, heute ist es nur noch geographisch nicht beschränkt. Hierbei ist es völlig uner-

Tafel II

Originalarbeiten über die Dokumentation (ohne die Patentdokumentation) im Ausland in den Nachrichten für Dokumentation

Berichtsland	Autor	Fundstelle
Ausland allg.	R. S. Schultze	1 (1950) S. 10
Ausland allg.	E. Pietsch	6 (1955) S. 5
Ausland allg.	P. Sheel	6 (1955) S. 45
Frankreich	J. Wyart	3 (1952) S. 133
Frankreich	E. Gradnauer	3 (1952) S. 137
Frankreich	E. Pietsch u. G. Mulert	5 (1954) S. 155
Großbritannien	A. King	3 (1952) S. 68
Großbritannien	A. King	8 (1957) S. 1
Italien	G. Sascaro	7 (1956) S. 129
Jugoslawien	O. H. Spohr	4 (1953) S. 25
Niederlande	G. M. van Andel	3 (1952) S. 71
Niederlande	G. Schuurmans Stekhoven	4 (1953) S. 61
Niederlande	E. Pietsch, G. Hantke u. G. Mulert	5 (1954) S. 13
Niederlande	J. A. Schüller	7 (1956) S. 196
Niederlande	C. C. Gruetzner	9 (1958) S. 5
Niederlande	G. Schuurmans Stekhoven	9 (1958) S. 168
Niederlande	Th. P. Loosjes	10 (1959) S. 59
Polen	Z. Majewski	9 (1958) S. 15
Schweden	L. M. Giertz	3 (1952) S. 76
Südafrika	O. H. Spohr	1 (1950) S. 69
Südafrika	O. H. Spohr	4 (1953) S. 198
Südafrika	O. H. Spohr	8 (1957) S. 154
Tschechoslowakei	H. Herz	9 (1958) S. 63
UdSSR	B. M. Rakov u. V. P. Tscherenin	9 (1958) S. 30
Ungarn	L. Jánszky	9 (1958) S. 132
USA	M. Luther	5 (1954) S. 115
USA	K. G. Wernicke	6 (1955) S. 149
USA	G. Scherpenhuijsen Rom	8 (1957) S. 120
USA	A. Kent	10 (1959) S. 124

heblich, ob und auf welchem Wege etwa eine neuheitsschädliche Vorveröffentlichung, die vielleicht nur einen Tag vor der Einreichung einer Deutschen Patentanmeldung erschienen ist, überhaupt zur Kenntnis des Anmelders gelangen konnte. Im übrigen ist es nicht nötig, daß das in öffentlichen Druckschriften Beschriebene praktisch auch schon ausgeführt worden ist — man spricht dann von der „papiernen Technik“[19] oder etwa von dem nur literarisch gegebenen Stande der Technik[20] — oder daß das im Inland offenkundig Vorbenutzte in irgendwelchen öffentlichen Druckschriften beschrieben worden ist. Fehlt eine solche Beschreibung des offenkundig Vorbenutzten im Schrifttum, so wird im Prüfungsverfahren *vor* der Bekanntmachung einer Patentanmeldung Offenkundigkeit der Vorbenutzung üblicherweise nicht geltend gemacht.

Die Neuheit einer gewerblich verwertbaren Erfindung verbürgt nun noch nicht eo ipso ihre Patentwürdigkeit. § 1 des Patentgesetzes zählt die Ausnahmen auf, die die Gewährbarkeit eines Patentschutzes ausschließen. Zu diesen Ausnahmen treten — kraft eines ungeschriebenen Gesetzes und laut Gewohnheitsrecht — zwei weitere Ausnahmen: ein Patentschutz wird nicht gewährt, wenn

a) kein technischer Fortschritt erkennbar ist (die Aufgabe, die sich der Erfinder gestellt hat, ist also bereits besser gelöst);

b) die „Erfindungshöhe“ — die überraschende und sprunghafte Förderung der Technik — fehlt.

Drei Aufgaben umfaßt also die Prüfung eines gewerblich verwertbaren und der Patentierung überhaupt zugänglichen Anmeldungsgegenstandes auf Patentfähigkeit, und zwar

1. die Prüfung auf Neuheit,
2. die Prüfung auf Fortschrittlichkeit,
3. die Prüfung auf Erfindungshöhe.

Zur Durchführung *aller* drei Prüfungen ist die Kenntnis des Standes der Technik unerläßlich. Er spiegelt sich wider im — nicht notwendig technischen! — Schrifttum der letzten hundert Jahre. *Das* also ist in Betracht zu ziehen, eine Aufgabe, deren gigantische Größe eindrücklich durch die Zusammenstellung in Tafel III (S. 18) erwiesen wird.

Die Prüfung auf Neuheit hat zum Ziel, festzustellen, ob eine Regel für technisches Handeln, wie sie jeder Patentanspruch offenbaren soll, im Schrifttum bereits vorveröffentlicht worden ist. Eben weil nun jede Er-

Tafel III

Schrifttum der letzten 100 Jahre vor dem Tage der Erstanmeldung, das bei der Neuheitsprüfung in Betracht zu ziehen ist

---

Auslegeschriften
Beilagen, technische — zur Tagespresse
Belletristik (technische Romane und technische Zukunftsromane)
Berichte (z. B. Chemische Berichte, Forschungsberichte, Physikalische Berichte, Zentralblätter)
Berichtigungen zu Fachaufsätzen in technischen Fachzeitschriften
Bibliographien, technische und naturwissenschaftliche
Biographien und Selbstbiographien von Technikern und Naturwissenschaftlern
Briefe, veröffentlichte — an Schriftleitungen technischer Fachzeitschriften
Buchbesprechungen in technischen Fachzeitschriften
Bücher (technische Fachbücher)
Bücherverzeichnisse der technischen Fachpresse
Dissertationen technischen und naturwissenschaftlichen Inhaltes
Druckschriften von Firmen (Hauszeitschriften, Preislisten, Werbeschriften)
Enzyklopädien, technische und naturwissenschaftliche —
Gebrauchsmuster
Generalregister technischer Fachzeitschriften
Handbücher (z. B. Gmelin-Handbuch)
Inseratenteile technischer Fachzeitschriften
Lexika, insbesondere technische —
Monographien, technische —
Nachschlagewerke, technische —
Normen
Patentschriften und Patentschriftenauszüge
Referate in technischen Fachzeitschriften
Zeitschriften (technische Fachzeitschriften und zwar Berichtigungen, Briefe an die Schriftleitung, Buchbesprechungen, Fachteil, Inseratenteil, „Jubiläen“, „Persönliches“, technische Beilagen, Zeitschriftenlese)
Zeitschriftenverzeichnisse, technische —

findung ein Geistesprodukt und als solches beliebig oft wiederholbar ist, so wiederholt sich — das lehrt auch die praktische Erfahrung — immer wieder einmal die gleiche Aufgabe der Nachforschung nach dem gleichen technischen Sachverhalt (Wiederholungseffekt)[21].

Hier zeichnet sich nun eine wichtige Aufgabe der Patentdokumentation ab: ein technischer Sachverhalt, eine in einem Patentanspruch offenbarte Regel für technisches Handeln, darf *nur einmal* im Schrifttum gesucht werden müssen; ein zweites Mal muß sie „gegriffen" werden können!

Die Aufgaben der Patentdokumentation sind bereits von vielen Autoren erörtert worden. Genannt seien in diesem Zusammenhang — wiederum ohne Anspruch auf Vollständigkeit — H. F. Albrecht[22], F. Cirkler und E. H. Hungermann[23], J. Fricke[24], K. Fuchs[25], G. Grobe und E. Meyer[26], J. Koblitz[27], E. Meyer[28] und W. Rubach[29].

Danach hat die Patentdokumentation die Neuheitsprüfung zu erleichtern, indem sie das technische Schrifttum erfaßt, analysiert und die Ergebnisse dieser Analyse griffig bereitstellt.

3. Praktische Möglichkeiten der Patentdokumentation

Die Aufgabe der Patentdokumentation ist allerdings wesentlich leichter formuliert als gelöst. Das lehren eindringlich die vielen Versuche zu ihrer Lösung. H. Danilof[30], F. Cirkler und E. H. Hungermann[31] und E. Meyer[32] haben darüber berichtet. Die rein manuellen Dokumentationsverfahren arbeiten entweder mit lochfreien Stellkarten (Merkmal- oder Stichwortkarten) oder mit Lochkarten und zwar mit Sichtlochkarten (Handlochkarten). Neben diese rein manuellen Dokumentationsverfahren treten die halbmechanischen manuellen Dokumentationsverfahren, die ebenfalls mit Lochkarten (Handlochkarten) arbeiten, und zwar entweder mit Randlochkarten (Kerbkarten) oder mit Flächenlochkarten (Schlitzlochkarten) oder schließlich mit kombinierten Rand- und Flächenlochkarten, die mit mechanischen Mitteln von Hand sortiert werden. Den manuellen Dokumentationsverfahren stehen die maschinellen Dokumentationsverfahren gegenüber. Zu ihnen gehören die Maschinenlochkarten-Verfahren (Flächenlochkartenverfahren). Weiterhin wird mit Lochstreifen, mit elektrischer und mit magnetischer Speicherung gearbeitet. Die Mikrokarte ist ebenso wie die Leporelloliste in den Dienst der Patentdokumentation gestellt worden.

Schon diese flüchtige Skizze zeigt, daß kein Mangel an Auswahl ist. Alle diese Mittel und alle Verfahren haben selbstverständlich ihre Vor- und

Nachteile und ihre Grenzen in der Anwendbarkeit. Diese im einzelnen hier aufzuzählen, ginge weit über den Rahmen dieser Darstellung hinaus, und es muß in diesem Zusammenhang auf das am Schluß des Buches zusammengestellte Schrifttum verwiesen werden.

Das einfachste manuelle Dokumentationsverfahren bedient sich der Stellkartei in einer besonderen Form des Aufbaues. Von ihr wird im folgenden ausschließlich die Rede sein.

4. Die Stellkartei

Eine unabdingbare Forderung sollte an den Anfang des Aufbaues einer leistungsfähigen Patentdokumentation gestellt werden. Sie lautet: die Patentdokumentation sei und bleibe jederzeit ein leicht und einfach zu handhabendes Hilfsmittel zur *Entlastung* des Prüfers!

Es ist also dafür zu sorgen, daß sich die „Patentdokumentation" nicht zu einer selbständigen Wissenschaft[33] auswächst, geschweige denn zu einer Geheimwissenschaft[34]. Träte dieser Fall ein, so müßte man nämlich dem Prüfer außer seinen technischen Spezialkenntnissen auch noch die Kenntnis der Technik der Dokumentation zumuten und würde ihn dadurch nur zusätzlich *belasten*. Die Stellkartei kann erfahrungsgemäß so aufgebaut werden, daß sie — selbstverständlich nach einem angemessenen Zeitraum für ihren Aufbau — das leicht und einfach zu handhabende Hilfsmittel des Prüfers ist, das praktisch nur eines fordert: die Einordnung der Karten nach einem ganz bestimmten System.

Ordnungssysteme für Karteien gibt es selbstverständlich mehrere: an erster Stelle wäre hier die 1873 von Melvil Dewey erdachte Dezimalklassifikation zu nennen. Sie arbeitet bekanntlich mit vielstelligen Zahlen, also nicht mit Klartext.

In Autorenkarteien sind die einzelnen Schrifttumskarten alphabetisch nach Verfassern geordnet. Das setzt also voraus, daß man im Falle einer Recherche weiß, *wer* dies oder jenes geschrieben hat. Sehr häufig aber fehlt dieses Wissen.

Ein anderes Ordnungssystem ordnet Schlagwort-, Stichwort- oder Merkmal-Karten nach Gesichtspunkten der Überordnung, Nebenordnung oder Unterordnung der einzelnen Begriffe. Das setzt wieder die Kenntnis eben jener Systematik der Koordination und Subordination voraus, und es kommt erschwerend hinzu, daß die Frage, ob Koordination oder Subordination vorliegt, nicht immer leicht zu entscheiden ist (s. a. S. 39 u. 41).

Am voraussetzungslosesten läßt sich mit der alphabetischen Ordnung arbeiten. Nur der Analphabet weiß nichts mit ihr anzufangen. Ihr Nachteil, daß sie sachlich Zusammengehöriges voneinander trennt — beispielsweise die Abschaltrelais von den Zeitrelais — läßt sich leicht vermeiden. Der alphabetischen Ordnung wird daher hier der Vorzug gegeben.

Zwei Fragen beherrschen die Patentdokumentation, nämlich:

1. „Was sagt eine Veröffentlichung alles aus?"

und

2. „In welchen Veröffentlichungen wird dieser oder jener technische Sachverhalt erörtert?"

Die zweite Frage ist entschieden die vorherrschende, denn sie wird bei jeder Neuheitsprüfung gestellt. Die erste Frage wird *erschöpfend* beantwortet nur von der Veröffentlichung selbst: kein Auszug, kein Referat vermag die Originalarbeit auch nur annähernd zu ersetzen[35].

Damit ist aber die Frage entschieden, ob die Stellkartei aufzubauen ist als Fundstellen→Sachverhalts-Stellkartei oder als Sachverhalts→Fundstellen-Stellkartei, ob also eine jede Karte von irgendeiner Fundstelle, Veröffentlichung, einem „Dokument" auszugehen und deren bzw. dessen einzelne Aussagen zu speichern hat oder ob eine jede Karte von irgendeinem technischen Sachverhalt auszugehen und diejenigen im Schrifttum verstreuten Fundstellen zu speichern hat, in denen eben über diesen technischen Sachverhalt bereits irgend etwas ausgesagt ist. *Nur* die Sachverhalts→Fundstellen-Stellkartei wird den Forderungen des gewerblichen Rechtsschutzes gerecht.

Auch andere Gründe sprechen zu ihren Gunsten:

Wollte man den *gesamten* technischen Inhalt einer Veröffentlichung einspeichern in eine Lochkarte — beispielsweise in eine Schlitzlochkarte (d. i. eine Flächenloch-Handloch-Karte) oder in eine Maschinenlochkarte (d. i. ebenfalls eine Flächenlochkarte) —, so würde sich bald erweisen, daß *eine* Lochkarte hierfür in den meisten Fällen *nicht* ausreicht[36]. Um nun trotzdem nach Möglichkeit mit *einer* Lochkarte auszukommen, hat man seine Zuflucht zu zwei Kunstgriffen genommen:

1. Man hat die Aussagen einer jeden Veröffentlichung verschlüsselt[37].

Man hat damit eine eigene Lochkartensprache[38] entwickelt und in die Patentdokumentation ein Moment hineingebracht, das nicht geeignet ist, den Prüfer zu *ent*lasten. Denn eine Verschlüsselung setzt einen Schlüssel voraus, der sorgfältig erarbeitet[39], zunächst erprobt[40] werden und ausbaufähig[41] sein muß, aus der Vielzahl der überhaupt möglichen Schlüssel unter Umständen unpassend ausgewählt werden kann und zu allem Überfluß von Sachgebiet zu Sachgebiet ein anderer ist[42]. Die Lochkartensprache ist gewissermaßen die Stenographie der mechanischen Patentdokumentation.

2. Man hat die dokumentationswürdigen Begriffe, die gespeichert werden sollen, zahlenmäßig beschränkt.

In Tafel IV sind solche Vorschläge zur Beschränkung zusammengestellt:

Tafel IV

Zur Beschränkung der dokumentationswürdigen Begriffe

Autor(en)	Fundstelle	Art (und Umfang) der Beschränkung
Danilof, H.	Angew. Chem. 68 (1956) S. 176 *r. l.*	5 charakteristische Merkmale je wissenschaftlicher Veröffentlichung
Danilof, H.	Nachr. Dok. 8 (1957) S. 181, Tabelle, Spalte 2	Zahl der erfaßten Sachverhalte je Patentschrift 4 bei Stellkarten 20 bei Randlochkarten 22 bei Schlitzlochkarten 40 bei Maschinenlochkarten
Fricke, J.	Mitt. 50 (1959) S. 106 *l.* 4. v. u.	150 bis 300 bzw. 300 bis 500 Stichworte für ein bestimmtes Sachgebiet
	S. 106 *l. l.* ff.	Beschränkung der Zahl der Begriffe auf das Notwendigste
Heimerdinger, W. und Meyer, E.	VDI-Z 99 (1957) S. 826 *l.* 3.	9 Sachverhalte je Veröffentlichung
Kunze, A.	Nachr. Dok. 10 (1959) S. 219 *r.* v.	Beschränkung der Zahl der Sachverhalte je Sachgebiet (Gruppe) auf eine höchstens dreistellige Zahl

Autor(en)	Fundstelle	Art (und Umfang) der Beschränkung
Kunze, A.	Nachr. Dok. 10 (1959) S. 220 *r*. 2. ff.	wie vorstehend — und 59 Sachverhalte für das Sachgebiet „Gedruckte Schaltungen"
Rubach, W.	Nachr. Dok. 9 (1958) S. 197 *l*. 3. v. u.	Im Mittel 10 technische Sachinhalte je Patentschrift
Schön, O.	Nachr. Dok. 11 (1960) S. 142 *r*. 1.	40 dokumentationswürdige Merkmale je Dokument auf dem Kunststoffgebiet
Wegmüller, F.	Nachr. Dok. 12 (1961) S. 18 *r*. *l*.	Beschränkung auf 1000 Stichworte für die Gesamtheit der Chemie, Biochemie, Physiologie, Pharmakologie, Medizin und alle ihre Grenzgebiete

Wenn man die Zahl der dokumentationswürdigen Begriffe beschränkt, zieht man sich praktisch von der Originalarbeit auf einen Auszug aus dieser zurück, erstellt also gewissermaßen ein mehr oder weniger umfangreiches Referat, dessen Wert mit Recht sehr umstritten ist. Die freiwillige Beschränkung der Zahl der dokumentationswürdigen Begriffe muß zwangsläufig zu erheblichen Schweirigkeiten bei der Nutzanwendung eines so aufgebauten Systems der Patentdokumentation führen und ist daher *nicht* zu vertreten.

Mit Recht hat also F. Wertenson[43] jede Beschränkung der Zahl der dokumentationswürdigen Merkmale verworfen.

Die Stellkartei ist ein Speichermittel, das sich der unaufhaltsamen Entwicklung der Technik am elastischsten anzupassen vermag und *jederzeit* einen neuen Begriff einzuspeichern gestattet.

5. Anforderungen an die Stellkartei

Eine Stellkartei, die praktischen Bedürfnissen der Patentdokumentation Genüge leisten soll, muß folgende Anforderungen erfüllen:

1. Die Kartei soll „narrensicher" sein. Jeder, der unbefangen an die Kartei herantritt, soll in der Lage sein, nach Durchsicht nur einiger weniger hintereinander stehender Karten den Aufbau, das System der

Kartei zu erkennen, und zwar *so* zu erkennen, daß ihm die Benutzung der Kartei ohne weiteres möglich ist. Jeder, der nach einem technischen Sachverhalt — selbstverständlich nur auf demjenigen mehr oder weniger eng begrenzten Gebiet, für das die Kartei erstellt ist — sucht, soll das einschlägige Schrifttum ermitteln können und zwar unabhängig davon, *wie* und wo er den Hebel für die Recherche ansetzt. Das bedeutet zum anderen, daß die Kartei *in sich* mit allen den terminologischen Schwierigkeiten fertig werden muß, die ihrem Aufbau entgegenstehen und die nie aus der Welt zu schaffen sein werden. Denn jeder Anmelder formuliert die ihm neu erscheinende Regel für technisches Handeln, für die er einen Patentschutz erwerben will, in der ihm angemessen erscheinenden Fassung, d. h., er wählt seine Begriffe nach eigenem Gutdünken ohne Rücksicht auf etwa im Deutschen Patentamt erarbeitete Begriffslisten, sehr häufig auch ohne Rücksicht auf die von Fachausschüssen erarbeiteten Begriffsbestimmungen. Das erfordert also — zunächst wenigstens — ein Eingehen des Prüfers auf die „Fachsprache des Anmelders", es bedeutet aber nicht, daß ungebräuchliche Fachausdrücke beibehalten werden *müssen* und nicht durch die gebräuchlichen ersetzt werden dürfen. Im Gegenteil: es ist dringend erwünscht, daß die Fachsprache bereinigt, von überflüssigem Ballast — beispielsweise der Synonyme — befreit und daß die „attraktive" Schreibweise durch die „seriöse" Schreibweise ersetzt wird[44]. Zu den terminologischen Schwierigkeiten, die überwunden werden müssen, gehört auch die Tatsache, daß ein und derselbe technische Sachverhalt — allein durch die Umstellung der ihn beschreibenden Begriffe — mehrere Formulierungen zuläßt. Hierauf wird noch zurückzukommen sein (s. S. 35ff., 44ff. und 80).

2. Die Kartei soll jederzeit beliebig erweitert und in ihrem Auskunftsvermögen vervollkommnet werden können. Diese Forderung ist leicht zu erfüllen: *jede* Stellkartei erlaubt *jederzeit* die Einspeicherung neuer Begriffe, mögen sie nun ein Erfordernis der technischen Fortentwicklung oder mögen sie an sich entbehrlich sein[45]. Im letzteren Fall ist es Aufgabe der Kartei, *in sich* den entbehrlichen Begriff auf den fachüblichen zurückzuführen. Auch hierauf wird noch eingegangen werden (s. S. 35ff. und 43ff.).

Was die Vervollkommnung des Auskunftsvermögens der Stellkartei anbelangt, so ergibt sie sich zwanglos aus der Tatsache, daß das Schrifttum über ein Sonderproblem — beispielsweise über die Anzeige einer Störung — leicht aufzugliedern ist nach Gesichtspunkten, die das Schema der Tafel V ohne weiteres erkennen läßt.

Tafel V

Störungsanzeigen als Beispiel für die Feinaufgliederung des Schrifttums

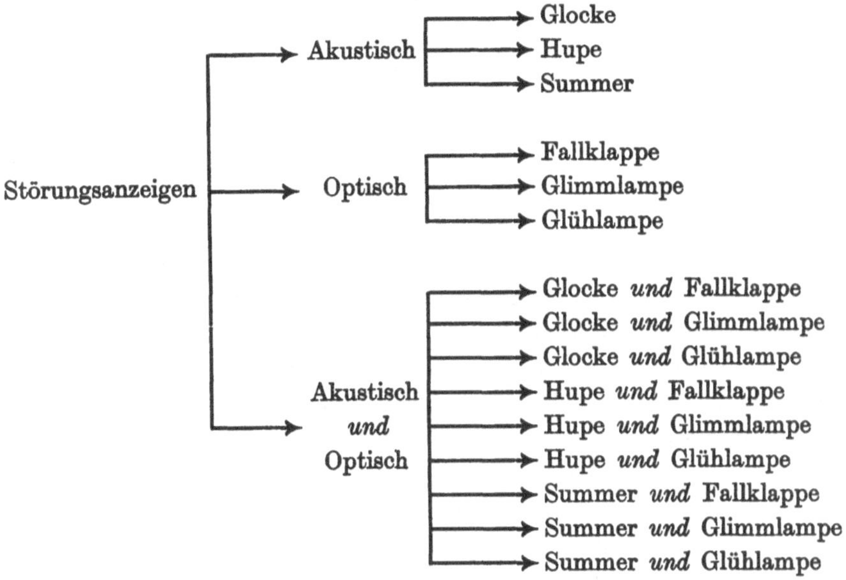

Weiter braucht die Aufgliederung des Schrifttums in dem beispielsweise aufgeführten Fall sicher nicht getrieben zu werden, denn übertriebenes Streben nach „Vollkommenheit“ (Perfektionismus) ist auch hier unwirtschaftlich[46].

6. Begriffe und Begriffsketten

Die deutsche Sprache — auch die Fachsprache — setzt sich zusammen aus einfachen und zusammengesetzten Worten als Ausdrucksmittel für Begriffe aller Art. Über „Begriffe und Benennungen“ gibt in allgemeinen Grundsätzen das Normblatt DIN 2330 vom Juli 1961 Auskunft. Die dort erörterten sprachwissenschaftlichen Zusammenhänge interessieren hier weiter nicht, um die Darstellung möglichst zu vereinfachen: es soll vielmehr lediglich von „einfachen“ und „zusammengesetzten Begriffen“ die Rede sein und zwar in Anlehnung an einen Sprachgebrauch, der sich bereits weitgehend im Schrifttum über die Patentdokumentation durchgesetzt hat. Beispiele für einfache Begriffe sind:

Bremse,
Druck,
Luft.

Aus diesen können die zusammengesetzten Begriffe

Druckluft,
Druckluftbremse,
Luftdruck

gebildet werden. In dem zusammengesetzten Begriff „Druckluft" heißt das Wort „Luft" das Grundwort, und das Wort „Druck" heißt Bestimmungswort.

Zusammengesetzte Begriffe können, wie schon das Beispiel „Druckluftbremse" zeigt, aus zwei, drei und mehr Begriffen gebildet werden. Da solche aus einer Vielzahl von Begriffen zusammengesetzte Begriffe leicht zu schwer lesbaren Wortungetümen führen, empfiehlt sich die Aufspaltung solcher zusammengesetzter Begriffe durch einen Bindestrich oder mehrere Bindestriche. Beispiele zusammengesetzter Begriffe mit jeweils um eine Einheit steigender Zahl von einfachen Begriffen sind:

Grubenlokomotive (2)
Standseilbahn (3)
Druckluftschnellschalter (4)
Einphasen-Reihenschlußmotor (5)
Straßenbahn-Beiwagen-Solenoidbremsen (6)
Straßenbahn-Beiwagen-Druckluftbremsen (7).

Die Komponenten zusammengesetzter Begriffe können verschiedenster Natur und brauchen durchaus nicht immer Hauptworte — wie beispielsweise in „Kugellager" —, ja nicht einmal sprachlich selbständige Worte zu sein. Das lehren die nachstehenden Beispiele zusammengesetzter Begriffe. In diesen ist mindestens die eine Komponente

a) ein Eigenname
und zwar entweder der Name eines Entdeckers:
„Röntgenstrahlen"
oder der Name eines Erfinders:
„Dahlanderschaltung";

b) ein Eigenschaftswort:

„Gelbscheibe“
„Schnellschalter“;

c) ein Zahlwort
und zwar entweder ein bestimmtes Zahlwort:

„Einphasenstrom“
„Zweirad“, „Doppeltriebwagen“
„Dreileitermaschine“
„Vierpol“ usw.

oder ein unbestimmtes Zahlwort:

„Mehrfachunterbrechung“
„Mehrsystemlokomotive“
„Vielfachsteuerung“;

d) ein Verhältniswort:

„Anfahrt“
„Beiwagen“
„Durchschlag“ (elektrischer!)
„Vorerregung“
„Widerstand“
„Zwischenläufer“;

e) ein Umstandswort
und zwar entweder der Zeit:

„Spätzündung“

oder des Ortes:

„Rückwärtslauf“

oder der Art und Weise:

„Zusammenbau“

oder des Maßes und der Zahl:

„Dreifachunterbrechung“

oder der Gültigkeit:

„Nichtleiter“;

f) ein Bindewort:

„Und-Gatter“;

g) ein Tätigkeitswort, von dem nur der sprachlich unselbständige Stamm in den zusammengesetzten Begriff eingeht:

„Prellschwingungen“
„Schreibmaschine“
„Trennschalter“;

h) eine sprachlich unselbständige Vorsilbe:
„Ultraschallsirene“;

i) ein Zeichen, etwa ein Formelzeichen:
„V 2 A-Stahl“.

Man kann mit Recht fragen, was die vorstehend aufgeführten und was überhaupt grundsätzlich die einfachen und die zusammengesetzten Begriffe unserer Fachsprache, insbesondere wenn sie etwa in der Mehrzahl auftreten, kennzeichnen? Die Antwort auf diese Frage lautet sehr verschieden:

a) *Gegenstände* kennzeichnen die Begriffe Gelbscheibe, Schnellschalter, Zweirad usw.

b) *Technische Sachgebiete* dagegen kennzeichnen die Begriffe Gelbscheiben Schnellschalter (Mehrzahl!), Zweiräder usw.

c) *Vorgänge* kennzeichnen die Begriffe Mehrfachunterbrechung, Anfahrt, Vorerregung, Spätzündung usw.

d) *Werkstoffe* kennzeichnen die Begriffe Nichtleiter, V2 A-Stahl usw.

e) *Eigenschaften* kennzeichnen die Begriffe regelbar, selbsttätig, umschaltbar usw.

f) *Konstruktionsprinzipien* kennzeichnen die Begriffe Auswechselbarkeit, Einsparung, Zugänglichkeit, Zusammenbau usw.

Wohl aus dieser bunten Vielfalt heraus erklärt es sich, daß im einschlägigen Schrifttum auch eine Vielzahl von Worten auftritt, die alle das gleiche ausdrücken sollen wie das hier ausschließlich verwendete Wort „Begriff“.

Als ein und zugleich einziges Beispiel dafür, wie dringend notwendig eine terminologische Bereinigung auch im Schrifttum über die Patentdokumentation selbst ist, sind in Tafel VI (S. 29) alle diese Worte als „äquivalente Begriffe“ einschließlich jeweils *einer* Fundstelle zusammengestellt.

Durch bloße Aneinanderreihung von einfachen oder zusammengesetzten Begriffen entsteht zunächst noch keine Begriffskette, sondern allenfalls eine Begriffsfolge: es fehlt die logische Verknüpfung der Begriffe.

Unter einer Kette versteht selbst der Laie ein Gebilde aus mehreren Gliedern, die flexibel miteinander verbunden sind. Bei der Begriffskette geschieht diese Verbindung, die logische Verknüpfung der einzelnen Be-

Tafel VI

Als äquivalente Begriffe gebrauchte Worte im Schrifttum zur Patentdokumentation

Äquivalente Begriffe	Fundstellen
Aussageeinheiten	Rev. Doc. XIX (1952) Fasc. 2 S. 35 *r*. 2.; 36 *l*. *l*.
Bausteine	Nachr. Dok. 10 (1959) S. 70 *r*. 5. v. u. ff.
Begriffe	DFW 7 (1958/59) S. 193 ... 196
Begriffselemente	Universitas 13 (1958) S. 1072, 3. v. u.
Dokumentationsbausteine	Nachr. Dok. 10 (1959) S. 70 *r*. 5. v. u. ff.
Dokumentationselemente	Universitas 14 (1959) S. 177, 2.
Einfachbegriffe	Universitas 13 (1958) S. 1072, 3.
Einfachthermen	Universitas 13 (1958) S. 1073 *l*.
Einzelbegriffe	DFW 7 (1958/59) S. 193 *l*. Ziff. 1. 1
Elemente	Universitas 13 (1958) S. 1072 v. ff.
Informationselemente	Universitas 14 (1959) S. 177, 2.
Kettengliederbegriffe	DFW 8 (1959/60) S. 87 *l*. Ziff. 6., Abs. 2
Merkmale	DFW 4 (1956) S. 162 *r*. *l*.
Sachbegriffe	Nachr. Dok. 10 (1959) S. 204 *l*. 4.
Sachinhalte	VDI-Z 99 (1957) S. 826 *l*. 3.
Sachverhalte	Universitas 14 (1959) S. 177, 2.
Sachverhalts-Stichworte	Universitas 13 (1958) S. 1074, 1.
Schlagworte	VDI-Z 99 (1957) S. 1425 *r*. 4.
Stichworte	Universitas 14 (1959) S. 177, 2.
Termen	Universitas 13 (1958) S. 1071 *l*.
Uniterme	Universitas 13 (1958) S. 1073 *l*.

griffe, entweder durch Hinzunahme sinnfördernder Verbindungswörter oder durch Beugung. Optisch wird die Begriffskette als solche dadurch gekennzeichnet, daß ihre einzelnen Begriffe untereinander gesetzt werden. Beispiele mögen das Gesagte erläutern:

1. Bremsen von Fahrzeugen werden irgendwie betätigt, gesteuert. Das kann von Hand, es kann aber auch entweder hydraulisch oder pneumatisch, also durch Druckluft geschehen. Die Begriffskette

   Bremsen
   Steuerungen für —

kennzeichnet das große technische Sachgebiet „Steuerungen für Bremsen". Das Schwergewicht liegt auf dem vorangestellten Begriff „Bremsen", die Begriffskette interessiert vor allem den Bremsfachmann. Der Steuerungsspezialist dagegen wird die Begriffskette anders fassen: ihm ist die „Steuerung" das Wichtigere, er sagt also

Steuerungen
für
Bremsen

2. Jeder automatische Steuervorgang läuft mit irgendeiner Geschwindigkeit ab. Gelegentlich ist man daran interessiert, die Steuergeschwindigkeit zu beeinflussen, die Steuerung zu bremsen. Die Begriffskette hierfür lautet entweder

Bremsen
für
Steuerungen

oder

Steuerungen
Bremsen für —

Das Schwergewicht liegt einmal auf den Bremsen, das andere Mal auf den Steuerungen.
Aus den Beispielen 1. und 2. ist ersichtlich, wie entscheidend

a) die Reihenfolge der logisch miteinander verknüpften Begriffe ist (Schwerpunktsbildung);

b) die Stellung *ein und desselben* sinnfördernden Verbindungswortes „für" gegenüber den einzelnen Begriffen „Bremsen" und „Steuerungen" ist, wie durch einen Stellungswechsel des Verbindungswortes „für" der technische Sachverhalt gleich ein ganz anderer wird.

3. Unter den regelbaren Drosselspulen gibt es u. a. gleichstromvormagnetisierte Drosselspulen. Sie gehören zur Kategorie der vormagnetisierten Drosselspulen. Deren Vormagnetisierung kann auch entweder dauermagnetisch oder mit Wechselstrom erfolgen.

Die entsprechenden Begriffsketten lauten:

a) Drosselspulen
Gleichstromvormagnetisierte —

b) Drosselspulen
Vormagnetisierte —

c) Drosselspulen
Vormagnetisierte —
Dauermagnetisch — —

d) Drosselspulen
Wechselstromvormagnetisierte —

Die Regelung gleichstromvormagnetisierter Drosselspulen kann entweder von Hand oder selbsttätig erfolgen. Im letzteren Fall lautet die Begriffskette also

Drosselspulen
Gleichstromvormagnetisierte —
Regelung — r —
Selbsttätige — — —

Dies ist ein Beispiel für eine Begriffskette *ohne* jedes sinnfördende Verbindungswort: an seine Stelle ist die Beugung (Deklination) getreten!

Jede Begriffskette enthält eine Reihe einfacher und zusammengesetzter Begriffe und übergeordneter Begriffsketten.

Deren Zahl ist begreiflicherweise um so größer, je länger die Begriffskette ist, je mehr Glieder sie besitzt. Diese einfachen und zusammengesetzten Begriffe und diese übergeordneten Begriffsketten einer vorgelegten Begriffskette findet man am leichtesten und lückenlosesten heraus, wenn man die Begriffskette von hinten her „aufrollt".

Die eben angeführte Begriffskette

Drosselspulen
Gleichstromvormagnetisierte —
Regelung — r —
Selbsttätige — — —

enthält beispielsweise die folgenden 9 einfachen Begriffe:

1. tätig
2. selbst
3. Regelung
4. Magnetisierung

5. vor
6. Strom
7. gleich
8. Spulen
9. Drossel.

Sie enthält weiterhin die folgenden 8 zusammengesetzten Begriffe:

1. selbsttätig
2. Vormagnetisierung
3. Strom-Vormagnetisierung
   (im Gegensatz zur dauermagnetischen Vormagnetisierung!)
4. Gleichstrom-Vormagnetisierung
5. Gleichstrom
6. Strom-Magnetisierung
7. Gleichstrom-Magnetisierung
8. Drosselspulen.

Sie enthält endlich die folgenden 10 übergeordneten Begriffsketten:

1. Regelung
   Selbsttätige —
2. Spulen
   Regelung von —
3. Spulen
   Regelung von —
   Selbsttätige — — —
4. Drosselspulen
   Regelung von —
5. Drosselspulen
   Regelung von —
   Selbsttätige — — —
6. Drosselspulen
   Vormagnetisierte —
7. Drosselspulen
   Vormagnetisierte —
   Regelung — r —

8. Drosselspulen
   Vormagnetisierte —
   Regelung — r —
   Selbsttätige — — —
9. Drosselspulen
   Gleichstromvormagnetisierte —
10. Drosselspulen
   Gleichstromvormagnetisierte —
   Regelung — r —

Bei der Herausschälung der in einer vorgelegten Begriffskette enthaltenen übergeordneten Begriffsketten muß man sich natürlich davor hüten, technisch sinnlose Begriffsketten aufzustellen. Selbstverständlich haben auch die hier an einem Beispiel vorgeführten 9 einfachen, die 8 zusammengesetzten Begriffe und die 10 übergeordneten Begriffsketten nicht alle das gleiche Gewicht. Hiervon wird noch zu sprechen sein (S. 54ff.).

Es war hier schon mehrfach von *vorgegebenen* Begriffsketten die Rede. Damit erhebt sich die Frage: Wer gibt diese Begriffsketten vor? Die Antwort lautet sehr einfach:

a) Der Anmelder in seinen Patentansprüchen. Deren Oberbegriff interessiert als Schilderung des Standes der Technik im allgemeinen nicht, nämlich dann nicht, wenn dieser Stand der Technik bekannt bzw. leicht als bekannt nachweisbar ist. Ausnahmen bestätigen auch hier die Regel: der Anmelder hat sich etwa hinsichtlich des Standes der Technik geirrt und ein Mehr angegeben, das im Schrifttum nicht nachweisbar ist.

Der kennzeichnende Teil der Patentansprüche läßt sich *in jedem Falle*, also ganz unabhängig vom Sachgebiet (Akustik, Bergbau, Chemie, Elektrotechnik, Maschinenbau, Optik, Transportwesen usw.) von überflüssigem Ballast befreien und in eine Begriffskette umprägen. Hierfür zwei instruktive Beispiele:

1. Die deutsche Patentschrift 426426 besitzt einen einzigen Patentanspruch. Er lautet:

   „Linse, bestehend aus kristallisiertem Natriumfluorid."

Die entsprechende — übergeordnete — Begriffskette lautet

Linsen

aus

Natriumfluorid

Als übergeordnet wird diese Begriffskette deswegen bezeichnet, weil der Begriff der Kristallisation zunächst nicht berücksichtigt ist.

Soviel ist klar: hat man das Schrifttum über „Linsen aus Natriumfluorid" zusammengetragen (erste und unvermeidliche Recherche!) und gespeichert, so dürfte es nicht schwer fallen, aus diesem Schrifttum kristallisiertes Natriumfluorid als Werkstoff für Linsen zu ermitteln.

2. Die Patentschrift Nr. 137 der Deutschen Demokratischen Republik besitzt ebenfalls nur einen Patentanspruch. Er lautet:

„Verwendung von natürlichem oder künstlichem Spinell für Linsen für optische Zwecke."

Die entsprechende — wiederum übergeordnete — Begriffskette lautet

Linsen
aus
Spinell

Übergeordnet ist diese Begriffskette deshalb, weil die Begriffe „Kunst", „Natur" und „Optik" unterdrückt sind.

Es ist zweifellos schon viel gewonnen wenn das Schrifttum über „Linsen aus Spinell" gesucht, gefunden und gespeichert wird. Aus ihm dürfte sich mit Leichtigkeit beispielsweise die Linse aus kristallisiertem Spinell ausfällen lassen.

Nun ist eine Linse für den Optiker eben eine „Linse", für den Botaniker jedoch ein Schmetterlingsblütler, für den Mediziner ein Teil des Auges, für den Mineralogen endlich eine besondere Form der Einlagerung von Gesteinen usw. in dem umgebenden Gestein. Der Begriff der Linse ist also für die verschiedenen Fachleute jeweils anders definiert. *Trotzdem* ist es angängig, in der speziellen Fachkartei — beispielsweise des Optikers — lediglich mit dem Begriff „Linsen" zu operieren, also mit „verkürzten Begriffsketten" zu arbeiten. Der Optiker braucht somit nicht die korrektere Begriffskette

Linsen
Optische —
aus
Natriumfluorid

aufzustellen.

Ebenso ist es selbstversändlich, daß der Elekrotechniker nur Elektromotoren meint, wenn er kurzerhand von Motoren spricht, zu denen natürlich an sich die Dieselmotoren ebenso gehören wie die Preßluftmotoren.

Die Berechtigung für den Elektrotechniker, mit verkürzten Begriffsketten zu arbeiten, ist sofort einzusehen an Hand der Begriffskette

Motoren
Gleichstrom - —
Drehzahlregelung von — - —

Schon die zweite Zeile der Begriffskette lehrt, daß es sich nur um Elekromotoren handelt. Dagegen kennzeichnet die übergeordnete Begriffskette

Motoren
Drehzahlregelung von —

bereits ein erheblich größeres technisches Gebiet, nämlich nicht etwa nur die Drehzahlregelung aller *Elektro*motoren, sondern die Drehzahlregelung aller Motoren überhaupt, der Schiffsmotoren ebenso wie der Windmotoren.

So einfach, wie hier an Hand der deutschen Patentschrift 424 426 und der Patentschrift Nr. 137 der Deutschen Demokratischen Republik geschildert, liegen die Dinge in der Praxis natürlich sehr selten. An dem Prinzip ändert sich jedoch nichts: der kennzeichnende Teil eines jeden Patentanspruches enthält eine herausschälbare Begriffskette, gelegentlich auch einmal deren zwei oder drei, deren Formulierung manchmal zwar etwas Kopfzerbrechen macht, niemals aber ein Ding der Unmöglichkeit ist. Schon H. Danilof[47] sagt, die Dokumentationsarbeit bleibe auch bei Anwendung mechanischer Hilfsmittel mühevolle Geistesarbeit. Sie läßt also auch ohne Anwendung mechanischer Hilfsmittel dem denkenden Geist noch hinreichende Möglichkeiten zu befriedigender Betätigung!

Die größten Schwierigkeiten, die dem Aufbau einer zuverlässigen Patentdokumentation, auch in der hier beschriebenen Form der Begriffsketten-Fundstellen-Stellkartei, entgegenstehen, sind terminologischer Art. Hierfür einige Beispiele:

1. Eine besondere Bauform der Fahrmotoren elektrischer Triebfahrzeuge weisen die Tatzlagermotoren[48] auf. Im einschlägigen Schrifttum finden sich dafür auch die Bezeichnungen Tatzenlagermotoren[49], Tatzenmotoren[50] und Tatzmotoren[51]. In einer Stellkartei mit streng alphabetischer Ordnung der Karten stehen alle vier Begriffe an verschiedenen Stellen. Trotzdem müssen alle diese vier Begriffe berücksichtigt werden. Sie sind jedoch in der Kartei auf *einen* genormten Begriff zurückzuführen (s. a. S. 43ff.).

2. Der hier als bekannt vorausgesetzte Peltier-Effekt wird für Kühlzwecke ausgenutzt. Im Schrifttum finden sich hierfür die Bezeichnungen

Elektrische Kühlung,
Elektrothermische Kühlung,
Peltier-Kühlung,
Thermoelektrische Kühlung.

Die entsprechenden Begriffsketten lauten, da das Schwergewicht auf der „Kühlung" liegt:

1. Kuehlung
Elektrische —

2. Kuehlung
Elektrothermische —

3. Kuehlung
Peltier - —

4. Kuehlung
Thermoelektrische —

Alphabetisch geordnet stehen diese Begriffsketten zwar hintereinander in der Reihenfolge 1-2-3-4, aber sie stehen nicht beieinander, denn es schieben sich zwischen diese Begriffsketten noch andere Begriffsketten, nämlich beispielsweise zwischen die zweite und die dritte Begriffskette die Begriffsketten

Kuehlung
Fahrwind- — (d. i. Kühlung durch Fahrwind)

Kuehlung
Kuenstliche —

Kuehlung
Natuerliche — usw.

und zwischen die dritte und die vierte Begriffskette die Begriffskette

Kuehlung
Reihen- — (d. i. Kühlung, bei der das Kühlmittel der Reihe nach mehrere zu kühlende Objekte umspült, eines nach dem anderen).

Auch hier müssen wieder alle vier verschiedenen im Schrifttum nachweisbaren, durch Begriffsketten wiedergegebenen Ausdrucksweisen für den gleichen technischen Sachverhalt eingespeichert, aber sie müssen auf *eine* genormte Begriffskette zurückgeführt werden (s. S. 43ff.).

3. Jeder technische Sachverhalt läßt sich durch mehrere Begriffsketten kennzeichnen. Das Spezialgebiet der Schmierung von Kunststofflagern kennzeichnen beispielsweise etwa folgende sechs Begriffsketten:

1. Kunststofflager
   Schmiermittel für —

2. Kunststofflager
   Schmierung von —n

3. Lager
   Kunststoff- —
   Schmiermittel für — - —

4. Lager
   Kunststoff- —
   Schmierung von — - —n

5. Schmiermittel
   für
   Kunststofflager

6. Schmierung
   von
   Kunststofflagern

Welche von diesen sechs Begriffsketten zu bilden ein Anmelder durch die Fassung seines Schutzbegehrens — es zielt etwa auf die Verwendung eines ganz bestimmten Schmiermittels ab — dem Prüfer nahelegen wird, ist nicht abzusehen. Fest steht nur, daß der Anmelder weitestgehend die Formulierung derjenigen Begriffskette beeinflußt, deren mögliches Bekanntsein nachzuprüfen Aufgabe der Neuheitsprüfung ist. Sei X X X das Schmiermittel, für das Schutz begehrt wird, so wäre beispielsweise die zweite Begriffskette zu ergänzen zu

2.* Kunststofflager
   Schmierung von —n
   mit
   X X X.

Die dritte Begriffskette wäre zu ergänzen zu

3.* Lager
Kunststoff- —
Schmiermittel für — - —
XXX

Es gelingt auch dann, wenn das gleiche Problem ein zweites Mal in anderer Fassung der Begriffskette auftritt, sehr leicht, festzustellen, daß für dieses Problem bereits eine Begriffskette in abweichender Erstfassung vorliegt. Hierzu dient die sogenannte „Verknüpfung" (s. S. 45 u. 49ff.). Ist also etwa festgestellt worden, daß ein und derselbe technische Sachverhalt unter zwei verschiedenen Begriffsketten (in dem vorgeführten Beispiel etwa unter der dritten und der fünften Begriffskette) läuft, so kann man entweder beide Begriffsketten durch Kreuzverweise der Form

„s. a. Schmiermittel für Kunststofflager";

bei der dritten Begriffskette und

„s. a. Lager, Kunststoff- —, Schmiermittel für — - —;"

bei der fünften Begriffskette miteinander koppeln und in der Begriffsketten-Fundstellen-Stellkartei nebeneinanderher bestehen lassen, oder man kann durch einen Leitvermerk der Form

s. Lager
Kunststoff- —
Schmiermittel für — - —

die fünfte Begriffskette zugunsten der dritten „genormten" bzw. „normierten" Begriffskette ausmerzen (s. a. S. 44ff.).

Eine zweite Antwort auf die Frage, wer alles Begriffsketten vorgibt (s. S. 33), lautet:

b) der Autor eines Fachaufsatzes oder eines Fachbuches. Der Text eines jeden Fachbuches enthält nämlich Satz für Satz zumindest eine Begriffskette, Abbildungen lassen sich beschreiben — in Begriffsketten —, Zahlentabellen lassen sich diskutieren — in Begriffsketten!

7. Die Stammbaumstruktur der Technik

Jedes technische Sachgebiet läßt sich aufgliedern nach einem Ordnungsschema, das seiner Form nach einem Stammbaum ähnelt. Die Elektromaschinen beispielsweise lassen sich aufgliedern in Generatoren, Motoren und Umformer (3 Äste!). Die Generatoren lassen sich in Gleichstrom- und

Wechselstromgeneratoren gruppieren (2 Äste). Die Gruppe der Wechselstromgeneratoren „verzweigt“ sich in Asynchrongeneratoren und in Synchrongeneratoren (2 Zweige). Die Synchrongeneratoren „verzweigen“ sich in Ein-, Zwei-, Drei- und Mehrphasenstromgeneratoren (4 Zweige). Ein Gleiches gilt für die Asynchrongeneratoren. Die Gleichstromgeneratoren lassen sich in Nebenschluß-, Doppelschluß- und Reihenschlußgeneratoren gliedern (3 Zweige). Man erkennt das Stammbaumgesetz, das hier nur an einigen wenigen „Ästen“ und „Zweigen“ vorgeführt wurde.

Sinngemäß sind zwei Äste der großen Gruppe der Relais die Spannungsrelais einerseits und die Stromrelais andererseits. Die letzteren „verzweigen“ sich u. a. in Gleichstromrelais, Rückstromrelais, Schwachstromrelais, Starkstromrelais, Überstromrelais, die Spannungsrelais „verzweigen“ sich in Nullspannungsrelais, Überspannungs- und Unterspannungsrelais usw. Auch hier ist die Stammbaumstruktur ersichtlich.

Bei den Triebfahrzeugen endlich geht die „Stammbaum“-Entwicklung über die Schienen-Triebfahrzeuge zu den elektrischen Schienen-Triebfahrzeugen, verzweigt sich hier in Gleichstrom-, Einphasenwechselstrom- und Drehstrom-Schienen-Triebfahrzeuge. Ein Zweig der Gleichstrom-Schienen-Triebfahrzeuge endlich ist die Gleichstromlokomotive. Ihr zur Seite steht — als zweiter Zweig der Gleichstrom-Schienen-Triebfahrzeuge — „koordiniert“ der Gleichstromtriebwagen. Auch hier die Struktur des Stammbaumes, das Fortschreiten vom Allgemeinen zum Besonderen, das Gesetz der Neben- und der Unterordnung.

Indessen sind die Beziehungen der Koordination und der Subordination nicht immer klar erkenntlich und zuweilen sogar strittig (siehe hierzu auch Seite 20), weil nämlich die Gliederung nahezu eines jeden technischen Sachgebietes nach verschiedenen Gesichtspunkten durchgeführt werden kann. In Tafel VII (S. 40) ist dies an dem Beispiel der elektrischen Lokomotiven ohne Anspruch auf Vollständigkeit gezeigt.

Auch viele Begriffsketten lassen ein Fortschreiten vom Allgemeinen zum Besonderen erkennen, wie die Begriffskette

Lokomotiven
Gruben - —
Akkumulatoren - — - —
Bremsung von — - — - —

zeigt: das große Sachgebiet der Lokomotiven wird zunächst beschränkt auf das der Grubenlokomotiven und sodann weiter beschränkt auf das

Tafel VII

Die Gliederung des Sachgebietes „Elektrische Lokomotiven“

Gliederungsgesichtspunkt	Gliederungsergebnis
Bauart	Adhäsionslokomotiven Adhäsions- *und* Zahnradlokomotiven Doppellokomotiven Gleichrichterlokomotiven Umformerlokomotiven Zahnradlokomotiven
Herstellerfirma	AEG-Lokomotiven BBC-Lokomotiven Henschel-Lokomotiven SSW-Lokomotiven
Speisungsart	Akkumulatorenlokomotiven Fahrdrahtlokomotiven
Stromart	Allstromlokomotiven Drehstromlokomotiven Einphasenstromlokomotiven Gleichstromlokomotiven Mehrsystemlokomotiven Zweifrequenzlokomotiven
Verwendungsort	Grubenlokomotiven Industrielokomotiven Werklokomotiven
Verwendungszweck	Güterzuglokomotiven Personenzuglokomotiven Schnellzuglokomotiven Universallokomotiven Verschiebelokomotiven

Sachgebiet der Akkumulatoren-Grubenlokomotiven. *Nur deren* Bremsung interessiert im Rahmen dieser Begriffskette. Ihr steht beispielsweise die Begriffskette

Lokomotiven
Gruben - —
Akkumulatoren - — - —
Fahrmotoren für — - — - —

gegenüber, die in alphabetischer Einordnung hinter die erstgenannte Begriffskette tritt.

Die alphabetische Ordnung der Begriffsketten schließt jede andere systematische Ordnung, also auch die nach Gesichtspunkten der Koordination und der Subordination, vollständig aus und entbindet so von der Notwendigkeit der Kenntnis eben jener nicht immer ganz zweifelsfreien Systematik. Damit arbeitet aber die Begriffsketten-Fundstellen-Stellkartei denkbar voraussetzungslos und elastisch.

II. Der Aufbau der Begriffsketten-Fundstellen-Stellkartei

1. Das Karten-Material

Die Begriffsketten-Fundstellen-Stellkartei ist als Handkartei des Prüfers neben seinem Schreibtisch vorgesehen. Die einzelnen Karten werden wiederholt entnommen, sei es zu Recherchen bei der Neuheitsprüfung, sei es zu handschriftlichen Ergänzungen, d. h. zur Eintragung zusätzlich ermittelter Fundstellen. Die Karten werden also verhältnismäßig stark beansprucht; sie würden es durch häufiges Ein- und Ausspannen noch mehr, wollte man jede neu ermittelte Fundstelle in Schreibmaschinenschrift eintragen. Die Karten müssen also aus verschleißfestem Karton bestehen[52]. Der im Normblatt DIN 1504 vom August 1956 auf Seite 2 in Ziff. 7. empfohlene Karteikarton 7c/III 190 g/m² DIN 827 ist allerdings zu leicht. Bewährter ist Karteikarton vom Gewicht 250 g/m².

Der Karton soll von möglichst heller Farbe sein, damit im Bedarfsfalle gute photographische Vervielfältigungen hergestellt werden können.

Die Rückseite der Karten sollte — in Anlehnung an DIN 1504 Seite 2, Ziff. 6. — möglichst freibleiben, weil Angaben auf der Rückseite von Karteikarten schlecht gelesen werden können. Dies gilt insbesondere von allen den Karteikarten, deren Kapazität bereits erschöpft ist, die also keine weiteren Eintragungen mehr zulassen und in ihrem Gros bereits eine

„statische“ Kartei[53] bilden könnten im Gegensatz zu dem Gros derjenigen Karteikarten, deren Kapazität noch nicht erschöpft ist, die also noch eine „dynamische“ Kartei[53] bilden. Die Karten „statischer“ Karteien kann man in ihrem Schub irgendwie verankern, verhindert so „widerrechtliche Entnahme“ und fehlerhafte Rückstellung, muß aber dann dafür sorgen, daß der Text der einzelnen Karten bequem gelesen werden kann, daß also die Karten so locker (nicht gepfercht!) im Karteischub einstehen, daß sie gewissermaßen wie die Seiten eines Buches einzeln umgeblättert werden können.

Bei nicht verankerten Karteikarten kann man allenfalls die Rückseite dazu verwenden, auf ihr zu vermerken, wenn ein Begriff ein Warenzeichen ist.

Die Vorderseite der Karten braucht etwa lediglich liniert zu sein, die Rückseite bleibt, um Verwechslungen zwischen Vorder- und Rückseite einer Karteikarte (doppelseitige Beschriftung) auszuschließen, zweckmäßig unliniert.

Das Vorzugsformat ist auch hier wie bei der „Schrifttumskarte“ nach DIN 1504 das Format A 6 (105 mm × 148 mm).

2. Die Karten-Kategorien

Da die Begriffsketten-Fundstellen-Stellkartei „narrensicher“ sein und *in sich* mit allen praktisch gegebenen unvermeidlichen *terminologischen Schwierigkeiten* fertig werden soll, weist sie notwendig eine Reihe von Kartenkategorien auf, nämlich

1. Stammkarten
2. Leitkarten
3. Hinweiskarten
4. Ergänzungskarten
5. Fundstellenkarten.

Zusätzlich sind zu unterscheiden zwei unerwünschte Kartenkategorien, nämlich

6. Wasserkopfkarten und
7. Ausreißer.

3. Stammkarten

Stammkarten kennzeichnen durch ihren ein- oder mehrzeiligen Kartenkopf mit Hilfe einfacher oder zusammengesetzter Begriffe und mit Hilfe von Begriffsketten entweder ein technisches Sachgebiet oder einen technischen Sachverhalt in einer Formulierung, die in der Kartei *ganz ausschließlich* angewendet werden soll.

Der Kartenkopf einer Stammkarte enthält also lediglich genormte bzw. normierte Begriffe und Begriffsketten. Soll beispielsweise in der gesamten Begriffsketten-Fundstellen-Stellkartei nur von Tatzlagermotoren (s. S. 35) die Rede sein und nicht auch von Tatzenlagermotoren, Tatzenmotoren oder Tatzmotoren, so ist die Karte mit dem einzeiligen Kopf

Tatzlagermotoren

die Stammkarte, auf die hingeleitet werden muß. Hierzu dienen Leitkarten mit den Eintragungen

1. Tatzenlagermotoren
   s. Tatzlagermotoren
2. Tatzenmotoren
   s. Tatzlagermotoren
3. Tatzmotoren
   s. Tatzlagermotoren

Soll weiterhin in der gesamten Kartei die Kühlung, die sich des Peltier-Effektes (s. S. 36) bedient, ausschließlich als Peltier-Kühlung bezeichnet werden, so heißt der normierte zweizeilige Kopf der entsprechenden Stammkarte

Kuehlung
Peltier - —

Das Wort „Kühlung" wird vorangestellt, um letzten Endes einmal das Gebiet der Kühlung vollständig beieinander zu haben: zu der geschilderten Stammkarte gehören beispielsweise noch Karten mit den Köpfen

1. Kuehlung
   Fahrwind - —
2. Kuehlung
   Kuenstliche —
3. Kuehlung
   Natuerliche —
4. Kuehlung
   Reihen - —

Auf die Stammkarte

Kuehlung
Peltier - —

leiten die Leitkarten mit den Eintragungen

1. Kuehlung
Elektrische — } Kopf
s. Kuehlung
Peltier - — } Leitvermerk

2. Kuehlung
Elektrothermische — } Kopf
s. Kuehlung
Peltier - — } Leitvermerk

hin.

4. Leitkarten

Aus den Darlegungen im vorhergehenden Abschnitt ist bereits die Aufgabe der Leitkarten klar geworden: sie dienen der Zurückführung von mehreren — tunlichst von allen überhaupt — möglichen Kennzeichnungen für ein technisches Sachgebiet bzw. für einen technischen Sachverhalt durch einfache oder zusammengesetzte Begriffe bzw. durch Begriffsketten auf *eine und nur eine* normierte Kennzeichnung für die aufzustellende Kartei. So werden beispielsweise auch die Begriffe „Elektrische Ventile“ und „Sperrgleichrichter“ durch Karten mit den Köpfen

1. Ventile
Elektrische —

und

2. Gleichrichter
Sperr - —

zwar mit in die Kartei aufgenommen, jedoch etwa durch den Leitvermerk

s. Sperrzellen

gleichzeitig wieder ausgemerzt.

Leitkarten erhalten außer ihrem Kartenkopf und ihrem Leitvermerk keinerlei weitere Eintragungen; der freibleibende Raum ihrer Vorderseite wird zweckmäßig durch einen roten Diagonalstrich (hier im Buch als unterbrochene Linie dargestellt) von links unten nach rechts oben durchstrichen, siehe Abb. 1.

Die Fahrgäste öffentlicher Verkehrsmittel empfinden harten Einsatz der Bremsen selbstverständlich als lästig. Das dadurch begründete Be-

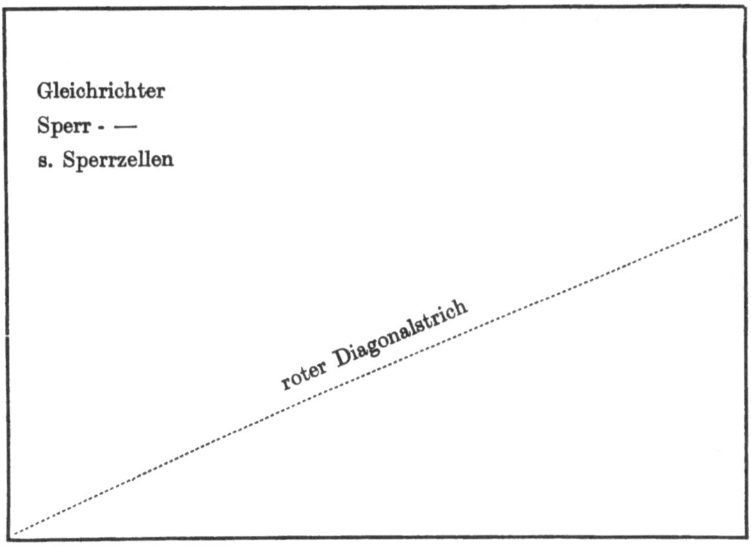

Abb. 1. Leitkarte

streben der Verkehrsbetriebe, Bremsstöße zu vermeiden, läßt sich in verschiedenen Fassungen durch Begriffsketten kennzeichnen:

1. Bremsstoesse
   Vermeidung von —n ,
2. Bremsen
   Einsatz von —
   Sanfter — — — ,
3. Bremsung
   Stoßfreie — .

Eine Begriffskette — z. B. die dritte — kann man zur normierten Begriffskette erheben, zu deren Gunsten die beiden ersten Begriffsketten, die zwar in die Kartei aufgenommen werden, durch den Leitvermerk

s. Bremsung
Stoßfreie —

sogleich wieder ausgemerzt werden. Es ist hier zu beachten, daß *nur* die erste und die dritte Begriffskette *einen* Begriff — den Begriff „Stoß" — gemeinsam haben, nur *sie* finden sich daher durch den Vorgang der „Verknüpfung" (s. S. 38 u. 49ff.) automatisch zusammen. Für die erste und die zweite Begriffskette einerseits und die zweite und die dritte Begriffskette andererseits bleibt es den unerläßlichen Überlegungen des Prüfers überlassen, nach gleichwertigen Begriffsketten für ein und denselben technischen Sachverhalt zu suchen und *eine* Begriffskette zu normieren (s. hierzu S. 36ff. u. 43).

Leitkarten haben noch eine weitere Aufgabe: sie dienen der Ausmerzung der sogenannten Wasserkopfkarten. Das sind Karten mit einem sehr vielzeiligen Kopf, mit einer sehr vielgliedrigen Begriffskette. So droht sich z. B. die Begriffskette

Kuehlung
Umlauf - —
Oel - — - —

durch Hinzufügung weiterer Glieder wie etwa

Ausfall von — - — - —en
Meldung des — es — — - — - —
Akustische — — — — — - — - —
durch
Hupe

zu einer sehr vielgliedrigen Begriffskette auszuwachsen (siebenzeiliger Kartenkopf!). Hier führen die Leitkarten

Kuehlung
Umlauf - —
Oel - — - —
s. Oelumlaufkuehlung

und

Ausfall
Meldung von Ausfaellen
s. Ausfallmeldung

auf die nur vierzeilige Begriffskette

Oelumlaufkuehlung
Ausfallmeldung für —en
Akustische — — —
durch
Hupe

zurück; der „Wasserkopf“ ist ausgemerzt.

5. Hinweiskarten

Hinweiskarten ergeben sich auf Grund einer sehr wichtigen Ordnungsvorschrift für den Aufbau einer Begriffsketten-Fundstellen-Stellkartei. Diese Ordnungsvorschrift lautet:

Jeder Begriff — gleichviel, ob einfach oder zusammengesetzt, ob Hauptwort oder Eigenschaftswort, ob sprachlich selbständig oder nicht —, der als Glied irgendeiner Begriffskette, also in *irgendeiner* Zeile eines Kartenkopfes, auftritt, soll zumindest auf *einer* Karte als einzeiliger Kartenkopf allein auftreten. Auf dieser Karte werden als Hinweise alle diejenigen Begriffsketten aufgeführt, in denen der fragliche Begriff an irgendeiner Stelle — mit Ausnahme der ersten — auftritt.

Hierfür einige Beispiele:

a) für einfache Begriffe:

Eine Karte trage als Begriffskette den zweizeiligen Kopf

Aluminium
Loeten von —

Die Karte mit dem einzeiligen Kopf

Loeten

muß den Hinweis erhalten

s. a. Aluminium, Loeten von —;

Zu diesem Hinweis treten im Laufe des Aufbaues der Begriffsketten-Fundstellen-Stellkartei weitere Hinweise wie etwa

Silber, Loeten von —;
Eisenblech, Loeten von —;
usw.

Sie fallen mit der Zeit selbstverständlich in buntester Reihenfolge an. Gelegentlich kann daher eine Hilfskraft eingesetzt werden, die diese Karte mit dem Kopf „Loeten“ neu schreibt und dabei die Hinweise zugleich alphabetisch ordnet. Eine solche geordnete Neuschrift zeigt beispielsweise Abb. 2 (S. 48).

Sie hat den Vorteil, daß sie die Feststellung erleichtert, ob die eine oder die andere Begriffskette bereits aufgestellt worden ist. Praktische Erfahrungen zeigen, daß die geordnete Neuschrift von Hinweiskarten nicht so oft erforderlich wird, wie es zunächst den Anschein hat. Das liegt daran, daß es für die Feststellung, ob irgendeine Begriffskette bereits aufgestellt worden ist, im allgemeinen genügt, jeweils den *ersten* Begriff der noch

1

Loeten

s. a. Aluminium, Loeten von —:
Eisenblech, Loeten von —;
Messing, Loeten von —;
Silber, Loeten von —;
Zinkblech, Loeten von —;

Abb. 2. Hinweiskarte, Neuschrift. Die Hinweise sind alphabetisch geordnet

ungeordneten, als Hinweise aufgenommenen Begriffsketten zu überprüfen, was keinen nennenswerten Zeitaufwand bedingt. Praktisch wichtiger ist folgendes: lästig wäre das Wenden zweiseitig mit Hinweisen beschriebener Karten für die Suche nach etwa schon aufgestellten Begriffsketten und für eine spätere alphabetische Ordnung der Hinweise bei einer Neuschrift der Hinweiskarte(n). Damit ergibt sich auch hier in Anlehnung an das Normblatt DIN 1504 (August 1956) Seite 2, Ziff. 6. die Forderung, Hinweiskarten *nur* auf der Vorderseite mit Hinweisen zu versehen. Ihre Rückseite bleibt zweckmäßig ganz frei.

b) für zusammengesetzte Begriffe:

Eine Stellkarte trage den zweizeiligen Kopf

Lokomotiven
Klotzbremsen für —

Diese Begriffskette enthält — abgesehen von dem hier vielleicht entbehrlichen einfachen Begriff „Klotz“ — die einfachen Begriffe „Bremsen“, und „Lokomotiven“, den zusammengesetzten Begriff „Klotzbremsen“, und die übergeordnete Begriffskette

Lokomotiven
Bremsen für —

Dementsprechend sind folgende Hinweiskarten aufzustellen und mit Hinweisen zu versehen:

1. Bremsen
   s. a. Klotzbremsen;
   Lokomotiven, Bremsen für —;
   Lokomotiven, Klotzbremsen für —;

2. Klotzbremsen
   s. a. Lokomotiven, Klotzbremsen für —;

3. Lokomotiven
   Bremsen für —
   s. a. Lokomotiven, Klotzbremsen für —;

Das skizzierte Verfahren, das als „Verknüpfung" bezeichnet werden kann (s. a. S. 38 und 45), erscheint auf den ersten Blick ziemlich aufwendig, es hat sich aber praktisch bewährt, denn es zeigt in seiner zwingenden Logik nach angemessener Aufbauzeit der Begriffsketten-Fundstellen-Stellkartei absolut lückenlos:

1. was es überhaupt für Bremsen gibt und wo Bremsen überall angewendet werden,
2. wo überall *Klotz*bremsen angewendet werden,
3. welche Arten von Bremsen überhaupt auf Lokomotiven angewendet werden.

Zudem ist das skizzierte Verfahren je aufgestellter Begriffskette nur *einmal* durchzuführen! Daß dies geschehen ist, muß natürlich irgendwie vermerkt werden. Zweckmäßig geschieht dies dadurch, daß die „verknüpfte" Karte in der rechten oberen Ecke einen deutlichen roten Punkt erhält (hier im Buch als dargestellt).

Auf der Vorderseite beispielsweise der Hinweiskarte mit dem zweizeiligen Kopf

Lokomotiven
Klotzbremsen für —

reicht selbstverständlich der Platz nicht aus für die vielen Hinweise, die im Laufe der Zeit beim Aufbau der Begriffsketten-Fundstellen-Stellkartei anfallen und in der Form

s. a. Lokomotiven, Schnellzug - —, Klotzbremsen für — - —;
Lokomotiven, Zahnrad - —, Klotzbremsen für — - —;

usw. einzutragen sind.

Es muß dann eine zweite Hinweiskarte mit dem gleichen Kopf ausgeschrieben werden. Es empfiehlt sich dringend, alle Hinweiskarten, die den gleichen Kopf tragen, zu zählen, ihnen also eine Ordnungszahl (1, 2, 3 ...) zuzuteilen. Diese Ordnungszahl tritt unter den roten Punkt, der die durchgeführte Verknüpfung anzeigt, in der oberen rechten Ecke der Hinweiskarte. Wird eine zweite Hinweiskarte mit dem gleichen Kopf angelegt, so erhält sie die Ordnungszahl 2 und gleichfalls den roten „Verknüpfungspunkt" darüber. Gleichzeitig wird auf der ersten Hinweiskarte rechts unten eine 2 eingeschrieben zum Zeichen dafür, daß die zweite Hinweiskarte ausgeschrieben worden ist. Fehlt diese dann etwa einmal in der Stellkartei, so hat sie sich als höchst unerwünschter „Ausreißer" selbständig gemacht, ein Fall, der bei aller Sorgfalt in der Handhabung einer Stellkartei immerhin gelegentlich einmal auftreten kann.

Die erste Hinweiskarte mit dem zweizeiligen Kopf

Lokomotiven
Bremsen für — ,

die mit Hinweisen (s. S. 47) gefüllt und vorschriftsmäßig verknüpft und für die die zweite Hinweiskarte bereits ausgeschrieben worden ist, zeigt Abb. 3 (S. 51).

Für *jede* Begriffskette, die neu in die Kartei eingespeichert wird, ist stets *zuerst* eine zunächst als Hinweiskarte vorgesehene Karte auszuschreiben. Diese ist *sofort* zu verknüpfen. Stellt sich hierbei heraus, daß bereits eine Begriffskette in die Kartei eingespeichert worden ist, die das gleiche aussagt und nur anders gefaßt ist, so kann die neue Begriffskette zwar in die Kartei aufgenommen werden, ihre zugeordnete Karteikarte, die zunächst als Hinweiskarte gedacht war, wird aber nun als Leitkarte ausgeschrieben.

Hierfür ein ganz einfaches Beispiel:

Es sei in die Kartei bereits einmal die Begriffskette

Aluminium
Loeten von —

eingespeichert worden.

	○ 1
Lokomotiven	
Bremsen für —	
s. a. Lokomotiven, Abraum - —, Bremsen für — - —;	
Lokomotiven, Akkumulatoren - —, Bremsen für — - —;	
Lokomotiven, Drehstrom - —, Bremsen für — - —;	
Lokomotiven, Einphasenstrom - —, Bremsen für — - —;	
Lokomotiven, Gleichrichter - —, Bremsen für — - —;	
Lokomotiven, Gleichstrom - —, Bremsen für — - —;	
Lokomotiven, Ignitron - —, Bremsen für — - —;	
Lokomotiven, Motorgenerator - —, Bremsen für — - —;	
Lokomotiven, Stromrichter - —, Bremsen für — - —;	
	2

Abb. 3. Voll beschriebene Hinweiskarte, verknüpft (roter Verknüpfungspunkt!). Die zweite Hinweiskarte mit dem gleichlautenden Kopf ist bereits ausgeschrieben („2" rechts unten).

Ihre Verknüpfung führte auf der Hinweiskarte mit dem einzeiligen Kopf

Loeten

zu dem Hinweis

s. a. Aluminium, Loeten von —;

Nach längerer Zeit wurde die Begriffskette

Loeten
von
Aluminium

aufgestellt. Ihre Verknüpfung würde auf der Hinweiskarte mit dem einzeiligen Kopf

Aluminium

den Hinweis

s. a. Loeten von Aluminium;

ergeben.

Der Hinweis auf der Hinweiskarte mit dem einzeiligen Kopf

Loeten

lehrt aber, daß bereits eine Begriffskette anderer Fassung, jedoch gleichen sachlichen Inhaltes in die Kartei eingespeichert wurde. Also ist die Karte mit dem zweizeiligen Kopf

Loeten
von
Aluminium

mit dem Leitvermerk

s. Aluminium
Loeten von —

zu versehen und nur als Leitkarte zu führen. Leitkarten brauchen *nicht* verknüpft und nicht gezählt zu werden. Sie erhalten also weder eine Ordnungszahl noch einen roten Verknüpfungspunkt. Sie sind sofort erkennbar an dem roten Diagonalstrich von links unten nach rechts oben im freien Raum ihrer Vorderseite (s. Abb. 1, S. 45).

Wenn man es sich zur Gewohnheit macht, insbesondere bei nur zweigliedrigen Begriffsketten vor ihrer Aufstellung diejenige Hinweiskarte mit dem einzeiligen Kopf zu studieren, der dem zweiten Glied der neu aufzustellenden Begriffskette entspricht, so kann man sich die Aufstellung der einen Begriffskette überhaupt ganz ersparen. Mit anderen Worten: wenn man in der Kartei nach der Begriffskette

Loeten
von
Aluminium

sucht und sie nicht findet, so sollte man zunächst nach der Begriffskette

Aluminium
Loeten von —

suchen und wird sie finden, wenn sie gelegentlich schon einmal aufgestellt wurde.

c) für Eigenschafts-Begriffe:

Es mag übertrieben erscheinen, auf das technische Sachgebiet, das durch die Begriffskette

Empfaenger
Klein - —

gekennzeichnet ist, in einer Hinweiskarte mit dem einfachen Begriff

Klein - - - - - - - -

hinzuweisen.

So sinnlos ist indessen ein solches Vorgehen durchaus nicht: die vielen Hinweise, die auf der Hinweiskarte mit dem einzeiligen Kopf

Klein - - - - - - - -

im Laufe der Zeit anfallen, kennzeichnen in einem gelegentlich höchst erwünschten Umfang und in willkommener Vielseitigkeit ein technisches Prinzip: die Kleinhaltung aller technischen Dinge, die hierdurch erzielbare Platzersparnis und Gewichtsminderung.

d) für sprachlich unselbständige Begriffe:

Auch dies ist keineswegs sinnlos, auf einer Hinweiskarte mit dem einzeiligen Kopf

Ultra - - - - - - - -

auf alles das hinzuweisen, was sich in der Technik gewissermaßen jenseits herkömmlicher Schranken vollzieht.

Solche Hinweise lauten etwa:

s. a. Bahnen, Ultraschnell - —;
Empfaenger, Ultraschall - —;
Filter, Ultra - —;
Geber, Ultraschall - —;
Schaltgeraete, Ultraschnellschalter;
Signalanlagen, Ultraschall - —;

usw.

Auf der gleiche Linie liegt es, wenn Hinweise auf den Begriff

Doppel - - - - - - - -

gesammelt werden: sie lassen im Bedarfsfall auf einen Blick erkennen, wo überall in der Technik das Prinzip der Verdoppelung eine Rolle spielt. Solche Hinweise lauten etwa:

s. a. Drehtransformatoren, Doppel - —;
Erdschluß, Doppel - —;
Kaefiganker, Doppel - —;
Lokomotiven, Doppel - —;
Stromabnehmer, Buegel - —, Doppel - — - —;
Stromabnehmer, Scheren - —, Doppel - — - —;
Triebwagen, Doppel - —;

usw.

Die „Verknüpfung“ von einfachen und zusammengesetzten Begriffen und übergeordneten Begriffsketten nach Aufstellung einer neuen Begriffskette soll noch an dem schon erwähnten Beispiel der Begrifskette

Drosselspulen
Gleichstromvormagnetisierte —
Regelung — r —
Selbsttätige — — — (s. S. 30ff.)

eingehend vorgeführt werden. Es war bereits gesagt worden, daß sich aus dieser Begriffskette 9 einfache Begriffe, 8 zusammengesetzte Begriffe und 10 übergeordnete Begriffsketten herausschälen lassen, daß aber nicht allen diesen Begriffen und Begriffsketten das gleiche Gewicht zukommt (s. S. 33).

So interessieren — für die „Verknüpfung“! — von den einfachen Begriffen in dieser Begriffskette nur die drei Begriffe „Regelung“, „Magnetisierung“ und „Spulen“.

Von den zusammengesetzten Begriffen dieser Begriffskette interessiert heute — im Zeitalter der Automatisierung — nicht einmal mehr der Begriff „selbsttätig“, dagegen interessieren die drei Begriffe „Vormagnetisierung“, „Gleichstrom-Vormagnetisierung“ und „Gleichstrom“.

Von den übergeordneten Begriffsketten endlich interessieren — s. S. 32ff. — alle zehn!

Alles Interessierende lautet in alphabetischer Ordnung

1. Drosselspulen, Gleichstromvormagnetisierte —;
2. Drosselspulen, Gleichstromvormagnetisierte —; Regelung — r —;
3. Drosselspulen, Regelung von —;
4. Drosselspulen, Regelung von —, Selbsttaetige — — —;
5. Drosselspulen, Vormagnetisierte —;
6. Drosselspulen, Vormagnetisierte —, Regelung — r —;
7. Drosselspulen, Vormagnetisierte —, Regelung, Selbsttaetige —;
8. Gleichstrom
9. Gleichstromvormagnetisierung
10. Magnetisierung
11. Regelung
12. Regelung, Selbsttaetige —;
13. Spulen
14. Spulen, Regelung von —;
15. Spulen, Regelung, Selbsttaetige —;
16. Vormagnetisierung

Tafel VIII

Karte Nr.	erhält als Hinweis (e) hinter „s. a.“ den Kopf bzw. die Köpfe der Karte (n) Nr. bzw.
5	1
6	2
7	N
8	1
9	1
10	1, 5 und 16
11	2, 6 und 14
12	N, 4, 7 und 15
13	„Drosselspulen“
14	2, 3 und 6
15	N, 4 und 7
16	1, 5 und 9

Verknüpfung der Karte mit dem Kopf

Drosselspulen
Gleichstromvormagnetisierte —
Regelung — r —
Selbsttaetige — — —

Die 16 Karten mit den vorstehend aufgeführten einfachen und zusammengesetzten Begriffen und den übergeordneten Begriffsketten als ein- bis vierzeilige Kartenköpfe werden der Kartei entnommen oder, falls sie noch nicht alle ausgeschrieben sein sollten, ausgeschrieben und sodann einschließlich der neuen zu verknüpfenden Karte mit dem Kopf

Drosselspulen
Gleichstromvormagnetisierte —
Regelung — r —
Selbsttaetige — — —

alphabetisch geordnet.

Karten Nr. 1 und 2 erhalten keinerlei Hinweise, wohl aber rechts oben den roten Verknüpfungspunkt. Karte Nr. 3 erhält als Hinweise:

s. a. Drosselspulen, Gleichstromvormagnetisierte —, Regelung — r —;
Drosselspulen, Vormagnetisierte —, Regelung — r —;
also die Köpfe der Karten Nr. 2 und 6.

Sinngemäß erhält
Karte Nr. 4 die Hinweise:

s. a. Drosselspulen, Gleichstromvormagnetisierte —,
Regelung, Selbstttätige —;
Drosselspulen, Vormagnetisierte —,
Regelung, Selbsttaetige —;

d. h. den Kopf N der neu ausgeschriebenen zu verknüpfenden Karte und den Kopf der Karte Nr. 7.

Alle weiteren notwendigen Hinweise sind in Tafel VIII (S. 55) zusammengestellt.

Es sei ergänzend bemerkt, daß auf die Karte Nr. 8 („Gleichstrom") hingewiesen ist auf der Karte mit dem Kopf „Stroeme", die u. a. beispielsweise etwa folgende Hinweise trägt:

„s. a. Anfahrstroeme;
Anlaß-Stroeme;
Anlaufstroeme;
Ausgleichsstroeme;
Blitzstroeme;
Bremsstroeme;
.
.
.
.
.
Gleichstrom;
Grenzstroeme;
.
.
.
.
. ."

Das skizzierte Verfahren erscheint zwar etwas umständlich, seine Anwendung läßt sich aber nicht umgehen. Zudem ist die Verknüpfung je Begriffskette nur *einmal* durchzuführen und nicht immer so aufwendig. Es soll ja doch das Ziel erreicht werden, daß einmal gespeichertes Gedankengut auf Abfrage von dem Speicher zuverlässig wieder herausgegeben wird!

Hier liegen auch für die maschinelle Patentdokumentation gewisse Schwierigkeiten vor. H. Danilof[54]; A. Kunze[55], H. Preisher, G. Rau und

R. Busch[56], O. Schön[57] und Ir. P. van Waasbergen[58] bestätigen übereinstimmend, wie entscheidend das Ergebnis einer maschinellen Patentrecherche von der Fragestellung beeinflußt wird.

6. Ergänzungskarten

Die alphabetische Ordnung einer Stellkartei bringt es mit sich, daß sie sachlich Zusammengehöriges voneinander trennt. Bei einer Stellkartei, die etwa nur Relais betrifft, spielt dies keine Rolle. Bei einer Stellkartei für ein umfassenderes Sachgebiet, einschließlich der Relais, ist dies jedoch ein Nachteil: die Abfallrelais, die Bremsrelais, die Erdschlußrelais, die Hilfsrelais, die Kurzschlußrelais usw., endlich die Zeitrelais, sind „über das ganze Alphabet verteilt" und stehen in der Kartei nicht beieinander. Ein einfacher Kunstgriff — auch für den Uneingeweihten leicht erkennbar — vermag dem abzuhelfen: das Grundwort wird vorangestellt, das Bestimmungswort nachgestellt. So ergeben sich Stellkarten mit zweizeiligem Kopf wie

Relais
Abfall - — ,

Relais
Brems - —

usw.

Alle Relais bleiben bei alphabetischer Einordnung der Stellkarten, nunmehr nach Maßgabe des Begriffes in der zweiten Zeile, beieinander. Das hat den großen Vorteil, daß im Bedarfsfall die „Relais-Kartei" en bloc aus der Kartei für das größere Sachgebiet ausgegliedert werden kann. Das hat jedoch auch wieder den Nachteil, daß es zu „Wasserkopfkarten" zu kommen droht, von denen schon kurz die Rede war (S. 46) und noch ausführlicher zu sprechen sein wird (S. 64ff.).

Ein Beispiel hierfür ist die Ölumlaufkühlung, ein aus vier einfachen Begriffen zusammengesetzter Begriff (Oel-um-Lauf-Kuehlung). Ihm entsprechen

1. die Stammkarte mit dem einzeiligen Kopf

Oelumlaufkuehlung ,

2. die erste Leitkarte

Umlaufkuehlung
Oel - —
s. Oelumlaufkuehlung

und

3. die zweite Leitkarte

Kuehlung
Umlauf - —
Oel - — - —

Die beiden Leitkarten „ergänzen“ das Sachgebiet der Umlaufkühlung einerseits bzw. das größere Sachgebiet der Kühlung andererseits. Sie sind insofern Ergänzungskarten. Außerdem dienen sie der Ausmerzung von Wasserkopfkarten: die zweite Leitkarte hat einen dreizeiligen, die Stammkarte hat nur einen einzeiligen Kopf!

7. Fundstellenkarten

Die Fundstellenkarten wurden früher als Nachweis-[59] bzw. Schrifttumskarten[60] bezeichnet. Nach dem Normblatt DIN 1504 vom August 1956 ist jedoch die Bezeichnung „Schrifttumskarte“ bereits verbraucht für eine Karteikarte ganz anderer Aufgabe und Gestaltung[61]. Die Schrifttumskarte geht von einer bestimmten, auf ihr zu vermerkenden Veröffentlichung (Buch, Zeitschriftenaufsatz) aus und bringt von dieser eine — selbstverständlich mehr oder weniger beschränkte — Inhaltsangabe. Sie hat also Gemeinsames mit der Maschinenlochkarte und der Schlitzlochkarte und dementsprechend auch nur deren begrenzte Anwendbarkeit für die Patentdokumentation. Die Fundstellenkarte dagegen geht aus von einer ganz bestimmten, auf ihr als Kartenkopf zu vermerkenden Begriffskette, vorgegeben durch das Schutzbegehren eines Patentanmelders, und bringt diejenigen — im Sinne der Mathematik — diskreten Schrifttumsstellen, in denen bereits eine Aussage über eben diese Begriffskette gemacht ist.

In dem Beispiel

Linsen
aus
Natriumfluorid

(s. S. 33ff.).

würde es genügen, als Fundstelle

„DPS 426 426 [42h/1]“

anzugeben. In der eckigen Klammer sind die Klasse 42h und die Gruppe 1 vermerkt, in die die Patentschrift nach der Gruppeneinteilung der deutschen Patentklassen gehört. Diese Klammerangabe ist zugleich ein Standortsnachweis, in welcher Prüfstoffmappe der Prüfer diese deutsche Patentschrift findet. Hat er sie *nicht* in seinem Prüfstoff — etwa deswegen, weil er aus irgendeinem Grunde gar nicht an ihr interessiert ist —, sondern steht sie nur in der Bibliothek ein, so tritt in die eckige Klammer zusätzlich ein „B". Klassen-, Gruppen- und Standortsnachweis sehen also dann so aus:

[42h/1/B].

In dem Beispiel

Linsen
aus
Spinell
(s. S. 34)

genügt es sinngemäß, als Fundstelle entweder

„DDR-PS 137 [42h/1]"

oder

„DDR-PS 137 [B]"

anzugeben. Die Angabe in der eckigen Klammer besagt als Standortsnachweis, daß diese Patentschrift entweder in der Prüfstoffmappe für Klasse 42h, Gruppe 1, eingeordnet ist oder daß sie nur in der Bibliothek einsteht.

Nicht immer ist die Angabe diskreter Schrifttumsstellen so einfach! Hierfür ein Beispiel: man hat versucht, die Anfahrströme elektrischer Triebfahrzeuge durch Kohledruckwiderstände als Anfahrwiderstände zu beherrschen. Die entsprechende Begriffskette lautet

Widerstaende
Anfahr - —
Kohledruck - — - —

A. Bauer hat sich in der Zeitschrift „Elektrische Bahnen" 25 (1954) S. 172 ... 177 unter dem Titel „Anwendung von Kontaktwiderständen für die stufenlose Anfahrt und Bremsung von Straßenbahnfahrzeugen" mit diesem Problem befaßt. Der Fundstellennachweis für die obige Begriffskette lautet also in zulässiger, jedoch zweifelsfreier Abkürzung

„El. Bahn. [*l* 150] 25 (1954) S. 172";

Der hier verwendete Kurztitel für die Zeitschrift weicht etwas ab von der internationalen Abkürzung[62], um Zeit und Platz zu sparen.

In der eckigen Klammer steht als Standortsnachweis das Buchzeichen, die Signatur der Bibliothek — hier etwa des Deutschen Patentamtes.

Von dem Aufsatz selbst wird nur diejenige Seite der Zeitschrift angegeben, auf der er beginnt.

Es war nun zu vermuten, daß in dieser Arbeit mit angegeben wäre, wie der Druck auf die Kohledruckwiderstände geregelt würde, insbesondere ob dies auch hydraulisch geschähe. Die zugehörige Begriffskette lautet

Widerstaende
Anfahr - —
Kohledruck - — - —
Regelung
Hydraulische —

Diese Begriffskette ist hier — streng genommen — ohne Einbuße an Verständlichkeit in zwei Begriffsketten (erste Begriffskette: Zeilen 1 bis 3, zweite Begriffskette: Zeilen 4 und 5) unterteilt.

Eine sorgfältige Durchsicht der Arbeit (erste unvermeidliche Recherche!) bestätigte die Richtigkeit der Vermutung: Bauer schreibt auf Seite 174, linke Spalte, letzter Absatz:

„Für diese (Regelung!) stehen erprobte Hilfsmittel, z. B. Druckluft, Öldruck oder Magnete zur Verfügung."

In diesem Satz kommt es lediglich auf das eine entscheidende Wort „Öldruck" an.

Der Fundstellennachweis lautet also für die vorstehend aufgeführte fünfgliedrige Begriffskette

„El. Bahn. [*l* 150] 25 (1954) S. 174 *l. l.*";

Hier ist eine „diskrete" Schrifttumsstelle angegeben*.

Dieses Beispiel gibt Anlaß zu einer erneuten kurzen Erörterung des Referatewesens:

Die Arbeit von A. Bauer ist ungefähr 4½ Seiten lang und hat 11 Bilder. Nur *ein einziges* Wort in diesem Aufsatz bringt den gesuchten Sachverhalt in gewünschter Schärfe! Es wird bei flüchtigem Lesen leicht übersehen; wird es *eine* von zehn Fachkräften, die beauftragt werden, ein Referat von beschränkter Zeilenzahl über diese Arbeit zu schreiben, in ihr Referat mit aufnehmen? Das ist die Frage! Jedes Referat bleibt also weitgehend eine Anregung zu einer Vermutung, die, wenn man ihr nachgeht und auf die Originalarbeit zurückgreift, sehr oft zu einer Enttäuschung führt. Positiv zu bewerten ist jedes Referat als willkommener Hinweis auf eine vorlie-

* Die Abkürzung „*l. l.*" besagt: „linke Spalte, letzter Absatz."

gende ältere Arbeit und vor allem auch dann, wenn der Referent mit seiner Berichterstattung eine eigene kritische Stellungnahme verbindet.

„Diskrete" Schrifttumsstellen sind so präzis wie irgend möglich zu kennzeichnen, andererseits sind alle nur tragbaren Abkürzungen anzuwenden, um die Schreibarbeit zu verringern.

a) Bei Zeitschriften sind folgende Angaben erforderlich:

1. der Kurztitel (z. B. „EuM"), der nicht immer mit dem Zitiertitel (dieser lautet bei der Zeitschrift EuM „Elektrotechn. u. Masch.-Bau)[63] übereinzustimmen braucht;

2. in eckiger Klammer dahinter das Buchzeichen, die Signatur der Bibliothek — hier etwa des Deutschen Patentamtes — als Standortsnachweis.

Läßt sich der Prüfer von besonders interessanten Fachaufsätzen Photokopien herstellen, um sie in seine Prüfstoffmappen einzuordnen, so tritt in die eckige Klammer als Standortsnachweis statt des Buchzeichens die Kennzeichnung der Prüfstoffmappe:

[21 d²/42/01]

Werden jedoch die Photokopien chronologisch nach Zeitschriften — etwa in Leitzordnern — abgeheftet, so lautet der Standortsnachweis einfach

[Ph].

3. der Jahrgang (z. B. 53);

4. das Jahr (z. B. 1935);

5. die Seite.

Alle weiteren Angaben zur genauen Kennzeichnung bestimmter Textstellen auf einer Zeitschriftenseite richten sich nach der Anordnung des Druckes auf dieser. Sie können aber gemeinsam für alle Zeitschriften behandelt werden. In Tafel IX (S. 62) sind sie zusammengestellt.

Es wird also unterstellt, daß bei einer vierspaltigen Zeitschrift *jeder* die Spalten von links beginnend zählen wird.

Tafel IX läßt erkennen, daß „*l. l.*" nur bedeuten kann „linke Spalte, letzter Absatz", und daß „*r.* v." nur bedeuten kann „rechte Spalte, vorletzter Absatz" usw.

Bei in Spalten unterteilten Zeitschriftenseiten steht also die Angabe der *Spalte* als der größeren Unterteilungseinheit *voran.*

Tafel IX

Zur Kennzeichnung „diskreter“ Textstellen auf Zeitschriftenseiten

Die Zeitschriftenseite ist unterteilt	Kennzeichnung der Spalten erfolgt durch	Kennzeichnung der Absätze erfolgt durch
nur in Absätze		1. = erster Absatz 1. ff. = erster Absatz und folgende
in 2 Spalten und Absätze in diesen	*l.* = linke Spalte *r.* = rechte Spalte	2. = zweiter Absatz usw. 3. v. u. = dritter Absatz von unten
in 3 Spalten und Absätze in diesen	*l.* = linke Spalte m. = mittlere Spalte *r.* = rechte Spalte	v. = vorletzter Absatz v. ff. = vorletzter Absatz und folgende
in 4 Spalten und Absätze in diesen	1. = erste (linke!) Spalte 2. = zweite Spalte 3. = dritte Spalte usw.	*l.* = letzter Absatz

Ist die Textgliederung beispielsweise in einer Spalte so unglücklich, daß es schwer fällt, Absätze zweifelsfrei zu kennzeichnen, so muß man sich wohl oder übel mit der Spaltenangabe (*l.*, m. oder *r.*) begnügen. Gelegentlich kann man sich jedoch auch hier durch einen Kunstgriff helfen und etwa kennzeichnen:

„*l.* 2. unter Fig. 2“

(= linke Spalte, 2. Absatz unter Figur 2) oder

„*r.* 3. unter Gl. (18)“

(= rechte Spalte, 3. Absatz unter Gleichung (18)).

Absätze, gleichviel ob auf nicht in Spalten unterteilten Seiten oder in Spalten, werden grundsätzlich von derjenigen Stelle (oben oder unten) aus gezählt, von der man am schnellsten oder am zweifelfreiesten zu ihnen gelangt.

Es kann auch auf Abbildungen, Bilder und Figuren und auf Positionen (z. B. „Pos. a“) in diesen hingewiesen werden, ferner auf Tabellen und Tafeln und auf Spalten und Zeilen in diesen.

Endlich kann man zu einer Zeilenzählung innerhalb eines größeren Absatzes greifen:

„*r*. 3. v. u. Z. 12ff."

(= rechte Spalte, 3. Absatz von unten, Zeilen 12ff.).

b) Bei Büchern sind folgende Angaben erforderlich:

1. Namen der (des) Verfasser(s);
2. Titel mit allen nur irgendwie tragbaren Abkürzungen;
3. Auflage (z. B. „3. Aufl.");
4. Erscheinungsjahr;
5. in eckiger Klammer das Buchzeichen, die Signatur der Leihstelle — hier also etwa der Bibliothek des Deutschen Patentamtes — als Standortsnachweis;
6. die Seite.

Alle weiteren Angaben richten sich sinngemäß nach Tafel IX (Seite 62).

c) Bei Patentschriften sind folgende Angaben erforderlich:

1. das Herkunftsland*;
2. die Nummer der Patentschrift (hierbei ist für ältere britische Patentschriften bis einschließlich 1915 die Jahreszahl hinzuzusetzen);
3. in eckiger Klammer Klasse und Gruppe nur für die deutschen Patentschriften;
4. in der gleichen eckigen Klammer für alle Patentschriften der Standortsnachweis. Der Inhalt der eckigen Klammer regelt sich hiernach, wie in Tafel X (S. 64) zusammengestellt.
5. die Seite oder

   der Anspruch ... (z. B. „Anspr. 4")
   oder der Unteranspruch (z. B. „U.-Anspr. 3" bei den schweizerischen Patentschriften) oder eine Abbildung, ein Bild, eine Figur und eine Position (z. B. „Pos. a" oder „Pos. 43") in diesen oder eine Tabelle oder Tafel und eine Spalte und Zeile in diesen.

---

* Es bedeuten z. B.
DPS = Deutsche Patentschrift;
DDR-PS = Patentschrift der DDR;
Schwed. PS = Schwedische Patentschrift;
Schweiz. PS = Schweizerische Patentschrift;
USA-PS = Patentschrift der USA.

Tafel X

Zur Kennzeichnung von Zugehörigkeit und Standort deutscher und außerdeutscher Patentschriften

Herkunftsland der Patentschrift	Die Patentschrift					Erforderliche Angaben (in eckiger Klammer)
	gehört — beispielsweise — zur		ist — beispielsweise — eingeordnet im Prüfstoff für		steht nur in der Bibliothek ein	
	Klasse	Gruppe	Klasse	Gruppe		
Deutsche	20 *l*	23/02	20 *l*	23/02	—	[20 *l*/23/02]
Bundes-	21 d^1	25	20 *l*	3	—	[21 d^1/25/20*l*/3]
republik	36 c	1/02	—	—	ja	[36 c/1/02/B]
Alle übrigen	—	—	20 *l*	23/02	—	[20 *l*/23/02]
Länder	—	—	—	—	ja	[B]

Die Angabe diskreter Textstellen auf irgendeiner Seite einer Patentschrift richtet sich nach der drucktechnischen Ausstattung der Patentschrift. Deren verschiedene Möglichkeiten und die sich hieraus ergebenden Vorschriften zur zweifelsfreien Kennzeichnung bestimmter Textstellen sind in Tafel XI (S. 65) zusammengestellt:

Wie nach dem Gesagten bei deutschen Auslegeschriften (DAS) zu verfahren ist, bedarf keiner weiteren Erläuterung.

8. Wasserkopfkarten

Von Wasserkopfkarten ist hier schon mehrfach die Rede gewesen (Seiten 46 u. 57ff.). Das sind Karten, deren Kopf eine vermeidbare Vielzahl von Zeilen beansprucht. Das ist vor allem dann der Fall, wenn die Begriffsketten aus lauter Einzelbegriffen aufgebaut sind. Wasserköpfe setzen die Kapazität — das Fassungsvermögen — der Karten für Hinweise (siehe Seiten 47ff., Hinweiskarten) und Fundstellennachweise (siehe Fundstellenkarten, Seiten 58ff.) herab und sind daher möglichst zu vermeiden. Dies gelingt leicht, wenn statt der Einzelbegriffe zusammengesetzte Begriffe zur Bildung der Begriffsketten benutzt werden.

Tafel XI

Kennzeichnung bestimmter Textstellen in Patentschriften

Durchgehende Zählung der			Unterteilung der Seiten in		der Spalten in	Muster-Patentschrift	Bestimmte Textstellen der Patentschrift werden — beispielsweise — gekennzeichnet durch
Seiten	Spalten	Zeilen	Absätze	Spalten	Absätze		
ja	nein	nein	ja*	nein	nein	Belg. PS 558 673	S. 2, 1. = Seite 2, Absatz 1 S. 3 v. = Seite 3, vorletzter Absatz (s. a. Tafel IX, S. 62, Spalte 3)
ja	nein	ja**	ja*	nein	nein	Brit. PS 140 491	S. 2 Z. 23ff. = Seite 2, Zeilen 23 und folgende
ja	nein	nein	nein	ja	ja*	DPS 113 054	S. 1 *l*. 2.ff. = Seite 1, linke Spalte, 2. Absatz und folgende (s. a. S. 61 ff.)
ja	nein	ja**	nein	ja	ja*	DPS 968 003	S. 2 Z. 45ff. = Seite 2, Zeilen 45 und folgende
nein	ja	ja***	nein	ja	ja*	DPS 1 035 684	Sp. 4 Z. 19ff. = Spalte 4, Zeilen 19 und folgende

* nach Bedarf   ** je Seite   *** je Spalte

Ein Beispiel mag das Gesagte sinnfällig erläutern:

1. Der sechszeilige Kartenkopf

Fahrzeuge
Trieb - —
Elektrische — - —
Diesel - — — - —
Motoren für — - — — - —
Fahr - — — — - — — - —

ist — bis auf den zusammengesetzten Begriff „Fahrzeuge" — aus lauter Einzelbegriffen aufgebaut. Die Karte ist dazu bestimmt, das Schrifttum über die Fahrmotoren dieselelektrischer Triebfahrzeuge möglichst erschöpfend nachzuweisen. Selbstverständlich wird hierfür eine einzige Karte nicht ausreichen; es müssen also mehrere Karten mit dem gleichen Kartenkopf aufgestellt werden. Aber eben wegen des großen Umfanges des Schrifttums auf dem gekennzeichneten schon recht allgemeinen Sachgebiet ist der Wasserkopf und ist die durch ihn bewirkte Beschränkung der Kartenkapazität doppelt lästig. Es gilt daher, diese Wasserkopfkarte auszumerzen. Dies gelingt, indem Leitkarten (siehe Seiten 44ff.) aufgestellt werden, die zunächst von Einzelbegriffen zu zusammengesetzten Begriffen überleiten. Die Köpfe dieser Leitkarten sehen in dem gewählten Beispiel so aus:

a) für Leitkarte 1:

Fahrzeuge
Trieb - —
s. Triebfahrzeuge ,

b) für Leitkarte 2:

Triebfahrzeuge
Elektrische —
Diesel - — —
s. Triebfahrzeuge
Dieselelektrische — ,

c) für Leitkarte 3:

Triebfahrzeuge
Dieselelektrische —
Motoren für — —
Fahr - — — — —
s. Triebfahrzeuge
Dieselelektrische —
Fahrmotoren für — — .

Der letztgenannte dreizeilige Kartenkopf sagt genau dasselbe aus wie der sechszeilige Wasserkopf, und es sind drei Zeilen für Hinweise oder Fundstellennachweise eingespart. Nebenbei ist durch die Leitkarten 1 bis 3 für das Sachgebiet der Fahrzeuge Wesentliches gewonnen:

Leitkarte 1 weist innerhalb des großen Sachgebietes der Fahrzeuge schlechthin nachdrücklich auf das engere Sachgebiet der *Trieb*fahrzeuge hin.

Leitkarte 2 weist innerhalb des weiterhin eingeschränkten Sachgebietes der *elektrischen* Triebfahrzeuge auf das noch engere Sachgebiet der *diesel*-elektrischen Triebfahrzeuge hin.

Leitkarte 3 endlich weist innerhalb des weiterhin eingeschränkten Sachgebietes der *Motoren* für dieselelektrische Triebfahrzeuge auf das hier beispielsweise engste Sachgebiet der *Fahr*motoren für dieselelektrische Triebfahrzeuge hin.

Die aufgestellten Leitkarten weisen also jedesmal innerhalb eines größeren Sachgebietes auf ein engeres Sachgebiet hin und runden dadurch das Bild des größeren Sachgebietes ab oder ergänzen es. Sie sind damit zugleich *Ergänzungskarten* (s. Seite 57).

Im Zusammenhang mit der Erörterung der Wasserkopfkarten und ihrer Ausmerzung taucht begreiflicherweise die Frage auf, ob etwa bei der Aufstellung einer Begriffsketten-Fundstellen-Stellkartei grundsätzlich nur — soweit sie auftreten — mit zusammengesetzten Begriffen gearbeitet werden soll? Diese Frage ist zu verneinen. Es sollten also nur dort, wo Wasserkopfkarten vermieden werden sollen und können, die zusammengesetzten Begriffe eingeführt werden. Diese Beschränkung hat folgenden Grund: eine Begriffsketten-Fundstellen-Stellkartei, die ein größeres Sachgebiet erfaßt, nimmt als Folge der fortschreitenden Entwicklung der Technik notwendig einen immer größeren Umfang an. Es kann sich also im Laufe der Zeit durchaus als notwendig erweisen, sie nach kleineren Sachgebieten aufzugliedern. Da ist es denn erwünscht, daß alle diejenigen Karten, die beispielsweise etwa Relais betreffen, der Begriffsketten-Fundstellen-Stellkartei als in sich geschlossener Karteiblock entnommen und nunmehr als ausgegliederte selbständige Begriffsketten-Fundstellen-Stellkartei weiterverwendet werden können (s. Seite 57).

Es gibt noch eine zweite Möglichkeit, dort, wo es wünschenswert oder notwendig erscheint, Wasserkopfkarten auszumerzen. Diese Möglichkeit beruht auf der Verwendung von Hinweisen.

Keinem Fachmann wird es im Ernst einfallen, auf Stellkarten, die in einer einzigen Kopfzeile den sehr allgemeinen Begriff „Fahrzeuge“ tragen, das gesamte Schrifttum über Fahrzeuge zusammentragen zu wollen, obwohl im einschlägigen Schrifttum viele Veröffentlichungen nachweisbar sind, die die lapidare Überschrift „Fahrzeuge“ tragen.

Man wird sich vielmehr vor allem darauf beschränken, die Stellkarte mit dem einzeiligen Kopf

Fahrzeuge

lediglich mit Hinweisen zu versehen wie etwa:

s. a. Elektrokarren;
Laufkatzen;
Lokomotiven;
Luftfahrzeuge;
Omnibusse;
Schienenfahrzeuge;
usw.

Entsprechend wird die Stellkarte mit dem zweizeiligen Kopf

Triebfahrzeuge
Elektrische —

u. a. mit dem Hinweis versehen:

s. a. Triebfahrzeuge, Dieselelektrische —;

Schließlich wird die Stellkarte mit dem dreizeiligen Kopf

Triebfahrzeuge
Dieselelektrische —
Motoren für — —

u. a. versehen mit dem Hinweis

s. a. Triebwagen, Dieselelektrische —, Fahrmotoren für — —;

Die Stellkarte mit dem sechszeiligen Wasserkopf (s. Seite 66) fällt damit also wieder fort, es fallen auch die drei Leitkarten (s. Seite 66) fort, die an ihrer Stelle verwendeten Hinweise führen aber in der Begriffsketten-Fundstellen-Stellkartei ein versteckteres Dasein als die besonderen Leitkarten, so daß die Übersicht über die drei Sachgebiete der „Fahrzeuge“ bzw. der „elektrischen Triebfahrzeuge“ bzw. der „Motoren für elektrische Triebfahrzeuge“ in diesem Falle nicht so klar herausgearbeitet ist.

9. Ausreißer

Auch die sogenannten „Ausreißer“ sind bereits erwähnt worden (s. Seite 50).

Als „Ausreißer“ werden diejenigen Karten einer Kartei bezeichnet, die entweder ganz verloren gegangen oder in einer Stellkartei versehentlich falsch eingeordnet worden und daher nur vorübergehend abhanden gekommen sind. Im letzteren Falle können sie zwar systematisch gesucht und wiedergefunden werden. Diese Suche ist jedoch sehr mühselig und zeitraubend. Häufig werden „Ausreißer“ rein zufällig wiedergefunden. Vermeiden lassen sie sich nur durch peinlichste Einhaltung der streng alphabetischen Einordnung der Stellkarten.

Das Auftreten von Ausreißern läßt sich mit einiger Sicherheit feststellen durch fortlaufende Numerierung der Stellkarten (mit Ausnahme der Leitkarten — s. Seite 52) mit übereinstimmendem Kartenkopf und dadurch, daß auf Folgekarten (z. B. auf die Karte Nr. 6), sobald sie ausgeschrieben sind, hingewiesen wird, indem die Nr. der Folgekarte auf der Vorderseite der vorhergehenden Karte — rechts unten — vermerkt wird (im Beispiel also eine 6 auf der Vorderseite der Karte 5 rechts unten).

Man kann sich überschlägig ein Bild davon machen, wieviel Zeit etwa dazu benötigt wird, einen „Ausreißer“ systematisch zu suchen.

Hierzu wird die Annahme gemacht, daß im Mittel 3 Sekunden erforderlich sind, um einen Kartenkopf zu lesen. Dieser Schätzwert ist sicher zu hoch für Stellkarten, deren Kopf einzeilig ist und nur aus einem einfachen oder zusammengesetzten Begriff besteht. Er dürfte zu niedrig sein für Stellkarten, deren Kopf mehrzeilig — z. B. sechszeilig — ist. In einer Stunde (3600 Sekunden) wären also die Köpfe von 1200 Stellkarten zu überprüfen. Für eine Stellkarten-Kartei mit 60000 Karten würden somit äußerstenfalls — nämlich wenn man den Flüchtigen als Letzten packt — 50 Stunden intensiver Arbeit benötigt, um den „Ausreißer“ zu finden.

Es liegt nahe zu fragen, wie die Verhältnisse liegen, wenn mit Lochkartenmaschinen gearbeitet wird. K. Kägi[64] gibt als Durchsatzleistung einer Statistik-Lochkarten-Maschine 27000 Karten je Stunde an, E. Pietsch[65] nennt mindestens 20000 Karten je Stunde als Durchsatzleistung einer Sortiermaschine. Das hieße, die Lochkartenmaschine benötigte nur rund 3 Stunden für den Durchsatz von 60000 Karten.

Diese Feststellung spricht noch *keineswegs* eindeutig zugunsten der maschinellen Patentrecherche! Der errechnete Zeitbedarf der Lochkartenmaschine ist nämlich auch *dann* erforderlich, wenn das Schrifttum über eine bestimmte Begriffskette gesucht wird. Die Maschine wirft das in Frage kommende Schrifttum nach Veröffentlichungen schlechthin, sie wirft aber keine „diskreten“ Textstellen aus. Aus der Begriffsketten-

Fundstellen-Stellkartei können die Begriffskette und das Schrifttum über sie — selbstverständlich nur unter der auch für die Lochkartenmaschine gültigen Voraussetzung, daß beides schon irgendwann einmal eingespeichert wurde — und zwar in „diskreten" Textstellen in kürzester Zeit, in weniger als einer Minute, *gegriffen* werden. Diese Zeit verlängert sich etwas, jedoch nur unwesentlich, wenn etwa für die in Frage kommende Begriffskette erst an Hand der Hinweiskarten für ihre einzelnen Glieder eine ihr sachlich gleichwertige Begriffskette gesucht werden muß, wenn also die Frage bei der Recherche anders formuliert worden ist als bei der Einspeicherung (s. hierzu auch Seiten 56ff.).

Weiterhin liegt die Frage nahe, wie groß der Zeitbedarf für die Suche nach einem „Ausreißer" werden wird, wenn die Patentdokumentation in der hier behandelten Form einige Jahre gelaufen ist. Damit wird zugleich die Frage nach dem Wachstum einer Begriffsketten-Fundstellen-Stellkartei angeschnitten. Angaben über den Umfang und das Wachstum von Karteien finden sich im Schrifttum über Patentdokumentation mehrfach:

1. F. Cirkler und E. M. Hungermann[66] geben an, daß Handlochkarten-Karteien eben noch brauchbar seien, solange die Kartenzahl nicht größer als 10000 bis 20000 ist.

2. H. Danilof[67] berichtet, daß eine Randlochkarten-Kartei mit höchstens 10000 Karten gerade noch zu handhaben sei, daß in 5 Jahren auf dem Polymerisationsgebiet 10000 Randlochkarten anfallen dürften, und daß auf dem gleichen Gebiet nach 10 Jahren mit 100000 Hollerith-Karten zu rechnen sei.

3. H. Danilof[68] berichtet weiterhin, daß für eine Stellkartei für Kunststoffe in 3 Jahren 40000 Karten angefallen seien.

4. O. Frank[69] gibt die Zahl der Karten der Schrifttumskartei der AEG in Frankfurt am Main mit 300000 an und ein jährliches Wachstum dieser Kartei um 30000 Karten.

5. Greidanus, Amsterdam, berichtete in einem Referat, das er in Den Haag gehalten hat[70], daß eine Handlochkartei für das Gebiet der Aerodynamik einen jährlichen Zuwachs von 1200 Karten aufweise, entsprechend einem Stapel von 38 cm Länge und 15 kg Gewicht. Nach 10 Jahren sei also mit einem Gewicht von etwa 3 Zentnern für die Handlochkarten dieser Kartei zu rechnen, die sodann mit Sortiernadeln nicht mehr zu handhaben sei.

6. W. Heimerdinger und E. Meyer[71] rechnen mit 10 Millionen Maschinenlochkarten zur Erfassung aller Patentschriften des Erdballes und legen hierbei *eine Maschinenlochkarte je Patentschrift* zugrunde.

7. K. Kägi[72] berichtet über eine Patentregistratur-Randlochkartenkartei von 5000 Randlochkarten Umfang.

8. W. Knappe[73] gibt den Umfang einer Sichtlochkartenkartei für das Kunststoffgebiet mit 1300 alphabetisch geordneten Begriffskarten an.

9. E. Pechhold[74] hält eine Schlitzlochkartenkartei mit 100000 Schlitzkarten noch für praktikabel.

10. E. Pietsch[75] sieht die Grenze für eine eben noch zu handhabende Randlochkartenkartei bei 50000 Karten.

11. O. Schön[76] vermutet, daß einige 10000 Lochkarten auf dem Kunststoffgebiet rasch erreicht sein werden.

12. W. Schürmeyer[77] beschreibt eine Sachbegriffskartei mit maximal 3000 Karten für das Sichtlochkartenverfahren.

13. J. Westendorp[78] endlich berichtet über eine Sichtlochkartenkartei mit 1100 Begriffskarten je Sichtlochkartenserie und 26 Serien.

Aus den Angaben unter den Nummern 2. bis 5. lassen sich mittlere Werte für den jährlichen Zuwachs an Karten errechnen:

1200 Handlochkarten im Jahr (aus 5.);
10000 Hollerith-Karten im Jahr (aus 2.);
2000 Randlochkarten im Jahr (aus 2.);
30000 Schrifttumskarten im Jahr (aus 4.);
13000 Stellkarten im Jahr (aus 3.).

Die Begriffsketten-Fundstellen-Stellkartei des Verfassers besitzt nach rund zehnjähriger Aufbauzeit etwa 60000 Karten, d. h., sie hat ein mittleres Wachstum von 6000 Karten im Jahr und liegt mit diesem durchaus im Rahmen der im Schrifttum über die Patentdokumentation angegebenen Mittelwerte. In zehn Jahren etwa wäre also — gleichbleibendes Wachstum vorausgesetzt — mit einer Verdoppelung ihres Kartenbestandes zu rechnen und damit auch mit einer Verdoppelung der ungünstigsten Suchzeit nach einem „Ausreißer".

Das Auftreten von „Ausreißern" könnte man weitgehend verhindern, indem man alle diejenigen Karten, deren Kapazität erschöpft ist, zu einer

„statischen“ Kartei zusammenfaßt und in ihren Schüben verankert (s. hierzu S. 42).

10. Was soll gespeichert werden?

Der Antwort auf diese Frage ist eine sehr wichtige Feststellung voranzustellen, die an sich trivial ist. Sie lautet:

Kein Speicher der Patentdokumentation, gleichviel welcher Art, wirft auf Befragen mehr aus, als in ihn eingespeichert wurde. Das bestätigen — in bezug auf die maschinelle Patentrecherche — einhellig W. Heimerdinger und E. Meyer[79], K. Kägi[80], E. Pietsch[81] und Ir. P. van Waasbergen[82]. Kägi drückt es in dem lapidaren Satz aus: „Die Maschine gibt nämlich nie mehr heraus, als man in sie hineinsteckt“, und van Waasbergen sagt, „Die Schwierigkeit (— der maschinellen Patentrecherche! —) liegt darin, die Maschine richtig zu ‚füttern‘. Die Maschine muß mit geeignetem Material gespeist werden.“

Hiernach müßte man logischerweise versucht sein, möglichst viel zu speichern, um möglichst viel zu gewinnen. Daß dies in Deutschland bisher nicht in dem wünschenswerten Ausmaß geschehen ist, wurde meist mit Zeitmangel begründet. Das ist ein Trugschluß. Soviel ist doch unwiderlegbar: mit einer gut funktionierenden Patentdokumentation ist die Neuheitsprüfung überhaupt kein Problem! H. Danner[83] hat es zweifellos ganz richtig erkannt, wenn er unvollkommener (Patent-) Dokumentation einen großen Teil der Schuld am Anwachsen des Überhanges unerledigter Patentanmeldungen in prüfenden Ländern gibt. Auch sollte die Angabe von O. Dick[84] zu denken geben, wonach in den USA 60% der Arbeitszeit eines Prüfers auf die Patentdokumentation verwendet werden. Die praktisch und nüchtern denkenden Amerikaner werden ja doch höchstwahrscheinlich nichts tun, was sich nicht irgendwie lohnt.

Also sollte man auch in anderen Ländern *anordnen*, Patentdokumentation zu treiben. Im Hinblick auf die vielen Möglichkeiten hierzu liegt in einer solchen Anordnung natürlich ein gewisses Risiko: es muß *das* System angewendet werden, das den meisten Erfolg verspricht.

Über den Idealfall für das Ausmaß der Speicherung bestehen keinerlei Meinungsverschiedenheiten: Dokumentation des *gesamten* technischen Schrifttums! Ebensowenig bestehen indessen Zweifel darüber, daß *das* gar nicht möglich ist. *Hier* ist es berechtigt, von Zeitmangel zu reden. Allenfalls bei ganz jungen Gebieten der Technik würde es vielleicht gelingen, das einschlägige Schrifttum darüber total zu erfassen, zu erschließen und die Ergebnisse der Analyse zu speichern.

Praktisch wird man sich also zunächst mit einer beschränkten Speicherung begnügen müssen. Erfahrungsgemäß ist schon sehr viel gewonnen, wenn man speichert:

a) das gelegentlich der Neuheitsprüfung einer Patentanmeldung systematisch Gesuchte (die Klassifikation des technischen Schrifttums erleichtert eine solche Erstrecherche mehr oder weniger fühlbar) und tatsächlich Gefundene. Eine Erstrecherche ist in *keinem* Falle zu umgehen: *erst* muß man suchen und finden, *dann* kann man speichern!

b) das bei gleicher Gelegenheit systematisch Gesuchte, jedoch zunächst nicht, später aber einmal rein zufällig Gefundene — ein Fall, der erfahrungsgemäß *sehr* häufig auftritt;

c) die Aktenzeichen derjenigen Neuanmeldungen, für deren Hauptanspruch man zwar die entsprechende Begriffskette herausgeschält hat, deren Bekanntsein jedoch nicht ermittelt werden konnte (mögliche „ältere Rechte“);

d) das von den Parteien während des Patenterteilungsverfahrens (Einspruchsverfahren, Beschwerdeverfahren) und im Nichtigkeitsverfahren als bekannt Nachgewiesene;

e) den Sachinhalt des laufend anfallenden technischen Schrifttums, insbesondere der einschlägigen Patentschriften, zunächst natürlich nur auf Grund einer sehr groben Analyse, die sich etwa auf die Bezeichnung der Erfindung beschränkt, und der einschlägigen Aufsätze der Fachzeitschriften, auch hier wieder nur auf Grund einer zunächst groben Analyse, die etwa lediglich die Überschriften und die Zwischenüberschriften[85] berücksichtigt.

Hierfür als Beispiel die Grobauswertung eines Aufsatzes von N. Karámousas über Werkbahnlokomotiven in den AEG-Mitteilungen 45 (1955) S. 446—455. Tafel XII (S. 74) zeigt den zugehörigen „Auswertebogen“, der vernichtet wird, wenn die notierten Begriffsketten „verkartet“, d. h. also gespeichert, und verknüpft worden sind. Für ihn kann billiges Papier benutzt, die Begriffsketten können in Einheitsstenographie geschrieben, die „Verkartung“ kann von Hilfskräften, die Verknüpfung in einfachen Fällen auch von diesen, in schwierigen Fällen jedoch nur von Sachverständigen durchgeführt, die Einordnung

Tafel XII

Beispiel für eine Grobauswertung („Auswertebogen")

	Begriffskette	Überschrift bzw. Zwischenüberschriften der Originalarbeit
Kopf:	AEG-Mitt. [n 112] 45 (1955) S.	
	446 Lokomotiven, Werkbahn - —	Werkbahnlokomotiven
	447 *r. l.* ff Lokomotiven, Abraum - —	Abraumlokomotiven
	449 *l. l.* ff Lokomotiven, Industrie - —	Industrielokomotiven
	449 *r. l.* ff Lokomotiven, Oberleitungs - —	Oberleitungslokomotiven
	450 *r.* l. ff Lokomotiven, Betrieb von —, Gemischter — — —	Lokomotiven für gemischten Betrieb

der Karten in die Stellkartei wieder Hilfskräften übertragen werden. Der Auswertebogen enthält nur die umrandeten Eintragungen, die nicht umrandeten Teile dienen lediglich der Erläuterung seines Aufbaues: er trägt als Kopf die Kennzeichnung der auszuwertenden Schrifttumsstelle (s. Seiten 61ff.) und hinter den „diskreten" Fundstellenangaben die zu verkartenden Begriffsketten, die aus den hier mit aufgenommenen, rechts neben die Umrandung gestellten Überschriften bzw. Zwischenüberschriften des auszuwertenden Aufsatzes hervorgegangen sind.

Der Kopf der ersten Karte für die Verkartung der Auswertung lautet also

Lokomotiven
Werkbahn - —

Ist diese Karte bereits einmal ausgestellt worden, so wird die Fundstellenkarte mit diesem Kopf gezogen und erhält die Eintragung

AEG-Mitt. [n 112] 45 (1955) S. 446;

Die nächsten Zeilen dieser Fundstellenkarte bleiben zweckmäßig frei zur Aufnahme weiterer Eintragungen von Fundstellen für das gleiche Sachgebiet in den AEG-Mitteilungen.

Ist dagegen diese Karte noch nicht aufgestellt worden, so werden eine Hinweiskarte (s. S. 47ff.) und eine Fundstellenkarte ausgeschrieben. Die durchgeführte Verknüpfung (hier mit „Bahnen", „Werk" und „Werkbahnen" bzw. „Bahnen, Werk- —") wird in der beschriebenen Weise durch Rotpunkt gekennzeichnet (s. S. 49, 50 u. 55).

Der Erfolg eines solchen Vorgehens wird nicht ausbleiben, er ist jedoch nicht von heute auf morgen zu erwarten, man wird sich mit Mehrjahresplänen abfinden müssen! Das Arbeitsprinzip sollte also lauten: keine erfolgreiche Recherche ohne anschließende Speicherung des Gefundenen!

11. Schrifttumsauswertung

Wenn erst einmal die Patentdokumentation in dem skizzierten selbstbeschränkten Umfang angeordnet, also zur Pflicht gemacht, einige Zeit gelaufen ist und spürbare Erleichterung für die Neuheitsprüfung bringt, wird Zeit frei, die Auswertung des Schrifttums etwas gründlicher zu betreiben, d. h. zur Feinauswertung — von besonders interessanten Schrifttumsstellen Satz für Satz — überzugehen. Formell vollzieht sie sich nicht anders als die Grobauswertung.

Tafel XIII

Dokumentationswürdige zusammengesetzte Begriffe

Allgemeine einfache, nicht speicherwürdige Begriffe	Spezielle zusammengesetzte, dokumentationswürdige Begriffe	
Anlagen	Auswuchtanlagen Klimaanlagen Schaltanlagen usw.	
Effekt	Barkhausen-Effekt Halleffekt Skineffekt usw.	
Faktor	Füllfaktor Leistungsfaktor Wicklungsfaktor usw.	
Kaskade	Frequenzwandler-Kaskade Krämerkaskade Scherbiuskaskade usw.	
Kopf	Mastkopf Stromabnehmerkopf Wickelkopf usw.	
Lauf	Anlauf Gleichlauf Umlauf	Laufgewicht Laufkatze Laufschiene usw.
Mittel	Bindemittel Loeschmittel Waschmittel	Mittelfrequenz Mittelleiter Mittelspannung usw.
Schaltung	Dreieckschaltung Kippschaltung Zaehlschaltung usw.	

Allgemeine einfache, nicht speicherwürdige Begriffe	Spezielle zusammengesetzte, dokumentationswürdige Begriffe	
Schutz	Beruehrungsschutz Kurzschluß-Schutz Ueberspannungsschutz usw.	
Stand	Fuehrerstand Standseilbahn Widerstand usw.	
Stoff	Isolierstoff Kunststoff Werkstoff usw.	
System	Cypak-System Mehrphasensystem Verteilungssystem usw.	
Werk	Kraftwerk Schaltwerk Uhrwerk	Werklokomotive Werkstoff Werkzeug usw.
Wert	Haftwert Istwert Sollwert usw.	
Zeug	Fahrzeug Halbzeug Werkzeug usw.	

Am Anfang jeder Schrifttumsauswertung steht die Kardinalfrage: welche Begriffe sind dokumentationswürdig?

Die Antwort hierauf lautet sehr einfach: nahezu alle, jedenfalls sehr viel mehr, als sich unsere Schulweisheit träumen läßt. *Das* darf auf Grund vieljähriger Erfahrung und praktisch durchgeführter Patentdokumentation getrost behauptet werden. Es ist also *falsch*, sich auf gewisse Begriffe zu beschränken. Synonyme sind natürlich auszumerzen. Im übrigen schreiben Anmelder und Autoren die Begriffe und die Begriffsketten vor!

Selbstverständlich gibt es eine Reihe einfacher Begriffe von *so* allgemeiner Bedeutung, daß ihre Speicherung nicht lohnt. Aber die mit ihnen gebildeten zusammengesetzten Begriffe sind bereits durchaus dokumentationswürdig! Tafel XIII (S. 76ff.) veranschaulicht dies an Hand einiger Beispiele.

Weiterhin gibt es eine Reihe von einfachen Begriffen, die zu speichern nicht lohnt, die aber in logischer Verknüpfung mit einem zweiten Begriff, in einer Begriffskette, durchaus dokumentationswürdig sind. Hierzu gehören beispielsweise die Begriffe

Bau (von Freiluftanlagen!),
Beschreibungen (von Kraftwerken!),
Planung (von Kabelnetzen!),
Selbsttätige . . . (Steuerungen!).

Ganz besonders dokumentationswürdig sind jedoch alle diejenigen Begriffe, die im Zuge der technischen Entwicklung als neue Wortschöpfungen erst verhältnismäßig spät aufgetreten sind bzw. noch auftreten. Tafel XIV bringt hierfür einige Beispiele einschließlich *einer* Fundstelle.

Tafel XIV

Neu gebildete speicherwürdige Begriffe

Speicherwürdige neue Begriffe	Fundstelle
Amplidyne	ETZ 72 (1951) S. 623
Chemtronik	ETZ-A 79 (1958) S. 162 *r*. 2.
Exergie	Elektrizitätswirtsch. 60 (1961) S. 89
Expedanz	Bull. schweiz. elektrotechn. Ver. 26 (1935) S. 137
Ignitor	Elektr. Bahnen 22 (1951) S. 16 *l*. 1.
Metadyne	ETZ 72 (1951) S. 623
Rapidyne	ETZ-A 77 (1956) S. 326
Rototrol	Bull. schweiz. elektrotechn. Ver. 42 (1951) S. 796
Solion	ETZ-A 79 (1958) S. 162 *r*. 2. ff.
Thermistor	Elektrotechnik 2 (1948) S. 69 *r*. *l*.
Varistor	ETZ-A 73 (1952) S. 468 *r*. 2. ff.

Die zweite Frage, die sich im Zusammenhang mit der Schrifttumsauswertung erhebt, lautet: Wer soll auswerten? *Darüber* besteht kein Zweifel bei allen an der Patentdokumentation Interessierten, daß *nur der Fachmann* auswerten kann und muß[86]. Die Geister scheiden sich allerdings schon bei der weiteren Frage, ob dieser Fachmann der Prüfer selbst sein soll oder ein „Dokumentalist", „Dokumentations-" oder „Literatur-Ingenieur"[87]? W. Rubach ist *für* den Prüfer[88], H. Danner dagegen[89].

Niemand kennt die notwendigen Belange des Prüfungsgeschäftes so gründlich wie ein alter erfahrener Prüfer. *Ihm* muß daher die Auswertung des Schrifttums insoweit vorbehalten bleiben, wie sie über die beschränkte Speicherung hinausgeht (s. Seite 73). Das *letztere* — aber *nur* das — kann auch der noch unerfahrene Jungprüfer!

Die dritte Frage, die sich im Zusammenhang mit der Auswertung des Schrifttums erhebt, lautet:

„Wie soll ausgewertet werden?"

Streng genommen umfaßt die Frage nach dem „wie" mehrere Fragen, und zwar:

a) fein oder grob?
b) total?
c) mehrfach?
d) zeitlich auch rückwirkend oder nur das Gegenwärtige und das Zukünftige erfassend?

a) Die Feinauswertung — eine tiefe Analyse — des Schrifttums ist zwar sehr lohnend, jedoch ebenso zeitraubend[90]. Sie wird daher nicht durchgängig möglich sein und beschränkt werden müssen auf aktuelle Fälle. Zwei wichtige Forderungen sind an die Feinauswertung zu stellen:

α) sie muß werktreu erfolgen, d. h., der Auswerter darf in eine Textstelle nicht mehr hineinlesen, als sie wirklich enthält;

β) trotzdem soll der Auswerter im Besonderen auch das Allgemeine sehen: vieles, was beispielsweise speziell für elektrische Straßenbahnen ausgesagt ist, gilt allgemein für elektrische Triebfahrzeuge!

Die Grobauswertung liefert für spätere Recherchen zunächst *nur*, aber immerhin *schon* die übergeordneten Begriffsketten bzw. Begriffe, die fürs erste, aber nicht ausschließlich, wie das auf S. 30ff. vorgeführte praktische Beispiel lehrt, durch progressive Streichung der Endglieder einer Begriffskette aus dieser hervorgehen (Beispiel: von der Begriffskette

Drosselspulen
Gleichstromvormagnetisierte —
Regelung — r —
Selbsttaetige — — —

streiche man der Reihe nach das 4. Glied, das 4. und 3. Glied, endlich die drei letzten Glieder).
Sie liefert weiterhin das einschlägige Schrifttum. Praktisch entspricht eine solche Grobauswertung einer mehr oder weniger weit getriebenen Klassifizierung des technischen Schrifttums.

b) Über die „Totalauswertung" und ihre nur höchst beschränkte Durchführbarkeit ist auf S. 72ff. bereits das Nötigste gesagt.

c) Der — allerdings nur gelegentlichen — Mehrfachauswertung der einen oder anderen Veröffentlichung kann man trotz des schlechten Rufes, den Doppelarbeit genießt, unbesorgt zustimmen[91]: für ein- und denselben technischen Sachverhalt ergeben sich zu verschiedenen Zeiten möglicherweise unterschiedliche Begriffsketten (s. hierzu Seite 24), oder verschiedene Auswerter legen dem sachlichen Inhalt einer Veröffentlichung unterschiedlichen Wert bei. Eine etwaige Doppelauswertung bringt also hier eine sehr erwünschte Abrundung bzw. Ergänzung.

d) Die Frage, ob auch zeitlich rückwirkend ausgewertet und gespeichert werden soll, ist ebenso wie Frage b) auf Seiten 72ff. schon beantwortet worden.

12. Einsatz von Hilfskräften

Nochmals sei H. Danilof[92] zitiert, wonach die Dokumentationsarbeit auch bei Anwendung mechanischer Hilfsmittel mühevolle Geistesarbeit bleibt. Sie bleibt es also in jedem Falle. Eben deshalb muß man sich fragen, ob und wo etwa der Einsatz von Hilfskräften für den Aufbau einer Begriffsketten-Fundstellen-Stellkartei möglich ist.

Vier Arbeiten können Hilfskräften übertragen werden:

1. Die Verkartung, also entweder das Heraussuchen der Karten mit denjenigen Köpfen, die bei der Schrifttumsauswertung bzw. bei einer Neuheitsprüfung als Begriffsketten anfallen, oder das Neu-Ausschrei-

ben solcher Karten und die Eintragung der Fundstellen bzw. des Aktenzeichens der fraglichen Patentanmeldung (s. S. 73);

2. in einfachen Fällen die Verknüpfung;
3. die gelegentliche Neuschrift von Hinweiskarten unter alphabetischer Ordnung der Hinweise (s. S. 47).
4. Die Wiedereinordnung der bearbeiteten Karten mit der gebotenen Sorgfalt. Sie geschieht streng alphabetisch. Um alle Zweifel über die Einordnung auszuschließen, werden die Umlaute ä, äu, ö und ü stets ae, aeu, oe und ue geschrieben. Karten, deren erste Kopfzeilen gleich lauten, werden nach Maßgabe des Begriffes in der zweiten Kopfzeile eingeordnet; für Karten, deren ersten beiden Kopfzeilen gleich lauten, ist der Begriff in der dritten Zeile maßgebend für die alphabetische Einordnung usw. Es stehen also alle Karten mit dem Kopf

   Lokomotiven
   Gleichrichter - —

   vor den Karten mit dem Kopf

   Lokomotiven
   Gleichstrom - — ,

   und es stehen alle Karten mit dem Kopf

   Lokomotiven
   Gleichrichter - —
   Fahrmotoren für — - —

   vor den Karten mit dem Kopf

   Lokomotiven
   Gleichrichter - —
   Steuerungen für — - —

Vor den Fundstellenkarten rangieren grundsätzlich die Hinweiskarten mit der gleichen Begriffskette als Kopf: ehe der Suchende an das Schrifttum herangeführt wird, soll er prüfen, ob für den gesuchten technischen Sachverhalt etwa bereits eine noch treffendere Formulierung eingespeichert worden ist.

13. Recherchen mit der Begriffsketten-Fundstellen-Stellkartei

Es gelingt in jedem Falle, den kennzeichnenden Teil eines Patentanspruches in eine Begriffskette, gegebenenfalls auch in mehrere Begriffsketten, umzuprägen. Gelegentlich mag es zweckmäßig sein, eine allgemein formulierte Begriffskette durch eine einfache Skizze — beispielsweise Schaltungsskizze — unter dem Kartenkopf zu spezifizieren. Ein Beispiel hierfür ist die komplexe Shuntung von Wendepolwicklungen. Die entsprechende Begriffskette lautet

Wicklungen
Wendepol - —
Shuntung von — - —
Komplexe — — — - —

Die österreichische Patentschrift 151 498 beschreibt folgende Alternativen:

Der Wendepolwicklung sind parallelgeschaltet

a) ein ohmscher Widerstand und eine regelbare Drosselspule;
b) ein ohmscher Widerstand und eine bedarfsweise zuschaltbare nicht regelbare Drosselspule;
c) ein ohmscher Widerstand und ein bedarfsweise zuschaltbarer, transformatorisch angeschlossener Kondensator;
d) ein ohmscher Widerstand, eine Drosselspule und ein Kondensator.

Alle vier Schaltungen, die leicht und anschaulich zu skizzieren, als Begriffsketten jedoch nur umständlich zu beschreiben sind, stellen ganz allgemein komplexe Shuntungen von Wendepolwicklungen dar.

Die Anregung zur Formulierung der eingangs erwähnten Begriffsketten gibt der Anmelder.

Aufgabe des Prüfers ist es, zu untersuchen, ob sich der gleiche technische Sachverhalt noch anders formulieren läßt und ob eine der möglichen Formulierungen — entweder die vom Anmelder angeregte oder eine der vom Prüfer zusätzlich für möglich befundenen — als Begriffskette bereits irgendwann einmal eingespeichert worden ist. Oft läßt sich nur die übergeordnete Begriffskette feststellen. Aus den für diese angegebenen Schrifttums-Fundstellen läßt sich dann verhältnismäßig leicht das Gesuchte herausanalysieren (s. S. 24ff.). Diese Arbeit ist nicht zu zeitraubend, da ja überwiegend nur „diskrete“ Fundstellen nachzuprüfen sind. Für die untergeordnete speziellere Begriffskette werden Hinweis- und Fundstellenkarten ausgeschrieben, die ermittelten Schrifttumsfundstellen werden eingetragen, die Verknüpfung wird vorgenommen usw.

Auf diese Weise vollzieht sich — Schritt für Schritt — eine Umspeicherung des im Schrifttum Gespeicherten nach Begriffsketten, sammelt sich auf den Fundstellenkarten eine Vielzahl von diskreten Schrifttumsangaben — auch in verschiedenen Kultursprachen! — an, die alle, wenn auch vielleicht gelegentlich nur implicite, da in anderer Formulierung, Antwort geben auf die Frage:

„Wo steht dies oder jenes?"

Eine sorgfältig und vor allem werktreu aufgebaute Begriffsketten-Fundstellen-Stellkartei ermöglicht, wie ohne weiteres einzusehen, in vielen Fällen eine *Blindrecherche*[93]. Das heißt, *wenn* bereits die Fundstellen eingespeichert worden sind, die das Schrifttum zu einer interessierenden Begriffskette ausweisen, so ist es möglich, irgendeine Schrifttumsstelle — gegebenenfalls sogar in der Landessprache des Anmelders — ausreichenden Alters im Patenterteilungsverfahren zu benennen, ohne zuvor die betreffende Textstelle nochmals überprüft zu haben.

Oftmals erweist es sich als nützlich, *Fundstellenkarten* bezüglich ihrer Schrifttums-Eintragungen miteinander zu *vergleichen*[94]. Das sei an dem auf den Seiten 59ff. angeführten Beispiel vorgeführt:

Die Fundstellenkarte mit dem Kopf

Widerstaende
Anfahr - —
Kohledruck - — - —

weist als Schrifttumsstelle u. a.

El. Bahn. [*l* 150] 25 (1954) S. 172;

aus.

Die Fundstellenkarte mit dem Kopf

Widerstaende
Kohledruck - —
Regelung von — - — n
Hydraulische — — — - —

weist als Schrifttumsstelle u. a.

El. Bahn. [*l* 150] 25 (1954) S. 174 *l. l.*;

aus.

Der Vergleich der Schrifttums-Eintragungen beider Fundstellenkarten führt zu der Vermutung, daß die letztgenannte Schrifttumsstelle der Begriffskette

Widerstaende
Anfahr - —
Kohledruck - — - —
Regelung
Hydraulische —

zugeordnet sein könnte, was leicht und schnell nachprüfbar ist und die Richtigkeit der Vermutung bestätigt. Allgemein kann man also sagen:

Gleiche diskrete (darauf kommt es entscheidend an!) Schrifttumsstellen, die ihrem sachlichen Inhalt nach *verschiedenen* Begriffsketten zugeordnet sind, weisen deren Kombination aus.

14. Zur Rationalisierung der Patentdokumentation

Noch sind die Würfel nicht gefallen zugunsten *eines* bestimmten Verfahrens zur Patentdokumentation. Diese befindet sich vielmehr noch immer im Entwicklungsstadium[95] ebenso wie die allgemeine Dokumentation[96] selbst. Da erscheint es voreilig, schon von einer Rationalisierung der Patentdokumentation zu sprechen. Bezüglich *eines* Punktes ist dies jedoch schon heute möglich. W. Heimerdinger[97] hat die klassische Frage der Patentdokumentation einmal so formuliert:

„Wer schrieb was wann wo?“

Das „wer“ interessiert hier weniger, es spielt im allgemeinen nur für Prioritätsfragen unter den Autoren eine Rolle. Das „was“ ist jeweils durch die Begriffskette gekennzeichnet. Das „wann“ ist wichtig, da die Entgegenhaltung im Rahmen einer Neuheitsprüfung älter sein muß als die Erstanmeldung (Auslandspriorität!). Das „wo“ ist zweifellos die wichtigste Frage der Patentdokumentation. Da wäre es denn eine Forderung zugunsten der Rationalisierung der Patentdokumentation, insbesondere der Auswertung von Zeitschriften und Patentschriften, daß *Seite für Seite* an — möglichst international — *genormter* Stelle alle diejenigen bibliographischen Daten auffindbar wären, die für die zweifelsfreie Kennzeichnung der Schrifttums-Fundstellen unerläßlich sind, die also eindeutig die Frage nach dem „wo“ beantworten[98]. Daß dies noch nicht allgemein der Fall ist, soll hier nur behauptet, könnte aber jederzeit bündig nachgewiesen werden.

Hierher gehört weiterhin die wünschenswerte Erziehung der Autoren[98], ihre Aufsätze so aufzubauen und zu gliedern, daß das Zitieren erleichtert wird[99]. Überspitzte Systematik dient der Erleichterung des Zitierens nicht immer[100]!

Hierzu gehören endlich einige Empfehlungen für den Aufbau patentamtlicher Bibliotheken: die Bücher, Zeit- und Patentschriften müssen möglichst griffig, dürfen also nicht gepfercht stehen. Zeitschriftenjahrgänge sind grundsätzlich so zu binden, daß der Fachteil und der Inseratenteil voneinander getrennt werden. Die Signaturen sollen gut lesbar sein. Zusätzlich müssen solche Bibliotheken alle Voraussetzungen erfüllen, um an Ort und Stelle diese oder jene Schrifttumsstelle in Ruhe überprüfen zu können (ausreichend Arbeitsplätze!).

III. Ausblick

Es ist ohne weiteres klar, daß alle diejenigen Staaten, die einen gewerblichen Rechtsschutz gewähren, Patentdokumentation — möglichst in Gemeinschaftsarbeit — betreiben sollten, möge der Rechtsschutz nun das Prüfungsverfahren oder nur das Patentregistrierverfahren zur Grundlage haben. Solange ein gewerblicher Rechtsschutz gewährt wird, werden Rechtsstreitigkeiten auch in den nur registrierenden Ländern nicht ausbleiben. Hier müssen sich die Gerichte auf eine zuverlässige Patentdokumentation stützen können.

Aber auch die Zeitschriften-Verlage sollten Dokumentation betreiben! Schon H.-K. Soeken und W. Büchen[101] haben darauf hingewiesen, daß die notorische Literaturflut durch sorgfältige Dokumentation eingedämmt werden könnte.

Hierfür ein überzeugendes Beispiel:

Unsymmetrisch belastete Drehstromnetze besitzen gewisse Nachteile, die hier nicht erörtert werden sollen. Man hat sich mehrfach bemüht, solche Drehstromnetze zu symmetrieren. Das gelingt statisch *nur* mit induktiven und bzw. oder kapazitiven Speichern (Drosselspulen und Kondensatoren). Die Symmetrierung ist aber *nicht* möglich durch irgendwelche Kunstschaltungen von Transformatoren. Die entsprechende Begriffskette lautet:

Drehstromnetze
Symmetrierung von —n
durch
Transformatoren
Unmögliche — — — — —

Zunächst zur Formulierung der Begriffskette eine kurze Bemerkung: etwa der Begriff „Unsymmetrische" unter dem Begriff „Drehstromnetze" wäre überflüssig, da der Begriff „Symmetrierung" ohnehin eine Unsymmetrie der Drehstromnetze voraussetzt.

Auf die Fundstellenkarte mit dieser Begriffskette als Kartenkopf gehören die Fundstelleneintragungen — mit entsprechendem gegenseitigem Respektabstand, um gegebenenfalls noch weitere Eintragungen von Fundstellen zu dem gleichen Sachverhalt aus den gleichen Zeitschriften vornehmen zu können:

AEG-Mitt. [n 112] 1941 S. 228 *r.* 3.;
45 (1955) S. 541 *r.* 3. v. u. ff.;
BBC-Mitt. Mannh. [t 12/30] 11 (1924) S. 122 *r.* 2.;
Bull. SEV [n 26] 24 (1933) S. 6 *r.* 1.;
28 (1937) S. 358 *l.* v.;
ETZ [n 165] 57 (1936) S. 29 *l. l.* ff.;
972 *l.* 2.;
58 (1937) S. 1369 *r.* 1.;
EuM [n 175] 51 (1933) S. 390 *r.* 1. ff.;
54 (1936) S. 25 *l.* 1. (Inhaltsübersicht);
25 *r.* 1.; 28 *l. l.* ff.

So oft also ist dieser „Erkenntnisinhalt"[102] im Schrifttum nachweisbar! Und so ist es mit vielem: es findet sich an vielen Stellen, nur *wir* finden es so leicht nicht mehr!

Die berechtigte Frage, was eine Begriffsketten-Fundstellen-Stellkartei zu leisten vermag, findet mehrfach positive Beantwortung:

1. Sie arbeitet mit Klartext, setzt also nicht die mühsame Aufstellung eines von Sachgebiet zu Sachgebiet wechselnden Schlüssels und das den Prüfer nur zusätzlich belastende Studium der Lochkartentechnik voraus.
2. Sie vermittelt umfassende Schrifttumsübersichten.
3. Sie gestattet, die Nachweise über technische Sachverhalte immer weiter zu spezifizieren.
4. Sie grenzt die Schrifttumsstellen, die gegebenenfalls gelegentlich einer Neuheitsprüfung nochmals zu überprüfen sind, denkbar weit ein.
5. Sie gestattet, Prioritätsfragen schnell und zuverlässig zu entscheiden.
6. Sie gestattet weiterhin, ebenso zuverlässig die Erfolgsaussichten etwaiger Nichtigkeitsklagen zu beurteilen.

7. Sie ermöglicht denkbar leicht, aus allgemeinen Hinweiskarten, beispielsweise aus der Hinweiskarte

   Zeitrelais
   s. a. — — — — — — —
   — — — — — — — — —

   spezielle Hinweiskarten, im angeführten Beispiel die spezielle Hinweiskarte

   Triebfahrzeuge
   Zeitrelais auf —n
   s. a. — — — — — — — — — —
   — — — — — — — — — —

   durch „Aussiebung" herzuleiten.

8. Sie ermöglicht durch Gegenüberstellung von Karten und durch Fundstellenvergleich die leichte Ermittlung der Fundstellen für kombinierte technische Sachverhalte (s. Seiten 83ff.).
9. Sie gestattet unter Umständen Blindrecherchen (s. Seite 83).
10. Sie stellt eine Art bibliographisches Lexikon dar, das jederzeit beliebig erweitert und ergänzt, also immer auf dem laufenden gehalten werden kann.
11. Sie durchgeistigt die Recherche, indem sie zu systematischem Denken erzieht, die Erkenntnis größerer Zusammenhänge vermittelt und zu logisch wohlbegründeten Formulierungen zwingt.
12. Sie ermöglicht nach angemessener Aufbauzeit, daß die oftmals notgedrungen planlose Recherche der „gezielten Recherche" weicht[103].
13. Sie läßt Lücken in unserem Wissen und damit Ansatzpunkte für weitere wünschenswerte Forschungen erkennen, denn sie beantwortet ebenso leicht die Frage: „Was wissen wir von der einen Gattung?" wie auch die Frage: „Wissen wir eben dasselbe auch von der anderen verwandten Gattung?"
14. Sie erleichtert die Beantwortung von Erwiderungen des Anmelders auf Prüfungsbescheide. Wenn beispielsweise „Auswechselbarkeit", „Gewichtsersparnis", „Platzeinsparung" oder „Zugänglichkeit" als Argumente für die Patentfähigkeit eines Anmeldungsgegenstandes in die Waagschale geworfen werden, gelingt leicht der Nachweis, *daß* das und *wo überall* das ganz allgemeine Konstruktionsprinzipien sind!

15. Ist für ein technisches Sachgebiet, dessen Entwicklung als abgeschlossen gelten kann, eine erschöpfende Kartei erstellt, so ergibt deren geschlossener Fortdruck ein bibliographisches Lexikon für eben dieses Gebiet. Es wäre ein Trugschluß, zu glauben, daß das Schrifttum über ein an sich abgeschlossenes technisches Sachgebiet keine Fundgrube mehr sei für Neuheitsprüfungen!

16. Eben die Tatsache, daß *jede* fachwissenschaftliche Aussage entweder schon als eine ballastfreie Begriffskette zu werten ist oder aber leicht in eine solche umgeprägt werden kann, erweist die *allgemeine Anwendbarkeit* der Begriffsketten-Fundstellen-Stellkartei.

Selbstverständlich — und das soll nicht verschwiegen werden — stehen den geltend gemachten Vorzügen der Begriffsketten-Fundstellen-Stellkartei auch einige Eigenschaften gegenüber, die ihr als Nachteile zur Last gelegt werden:

1. Die Kartei wird angeblich zu umfangreich. Hierzu eine triviale Feststellung: *jeder* Speicher für die Zwecke der Patentdokumentation nimmt zu an Umfang

   a) mit der Größe des erfaßten Sachgebietes;

   b) mit der Länge der Zeit, in der in ihn eingespeichert wird;

   c) mit der Tiefe der Analyse des ausgewerteten Schrifttums.

   Das alles sind Gesetzmäßigkeiten, denen sich *kein* Speicher entziehen kann! Im übrigen verliert auch die umfangreichste Stellkartei ihre Schrecken, wenn sie nur logisch aufgebaut ist. Es kommt weiterhin hinzu: wenn erst einmal die im einschlägigen Schrifttum viel propagierte Gemeinschaftsarbeit eines Tages endlich Tatsache würde, wenn *jeder* Prüfer ex officio eine Begriffsketten-Fundstellen-Stellkartei aufbauen *müßte*, würde diese nie beängstigenden Umfang annehmen. Denn jeder Prüfer brauchte dann ja nur *sein* Prüfungsgebiet zu „betreuen".

2. Der Zwang zur sorgfältigen Einordnung der Stellkarten wird als lästig empfunden. Hierzu ist wieder festzustellen: die Patentdokumentation ist ein leidenschaftliches Ringen um Ordnung des technischen Schrifttums nach Gesichtspunkten, die die Neuheitsprüfung erleichtern sollen. Wer aber Ordnung schaffen will, der muß auch Ordnung halten! Vom Ordnungszwang ist *kein* System der Patentdokumentation frei. Er wirkt sich nur je nach dem angewendeten System

unterschiedlich aus. Er setzt *ein* — gleichmäßig für alle Systeme — bei der Schrifttumsauswertung (Werktreue!), er fordert bei allen Lochkartenverfahren sorgfältige Lochung, er fordert bei dem einfachen Sichtlochkartenverfahren alphabetische Ordnung der Begriffskarten und saubere Auseinanderhaltung der einzelnen Serien, er fordert schließlich die unverrückbare Zuordnung von Lochkartenkartei und zugehörigem Schlüssel!
Man kann also die Ordnung als Mittel zur Ordnung weder entbehren noch verdammen! Daß in einer einem bestimmten technischen Sachgebiet zugeordneten Lochkartenkartei die Lochkarten ungeordnet beieinanderstehen dürfen, besagt ja noch nicht, daß die Lochkartenkartei von *jedem* Ordnungszwang frei wäre!

Die Antwort auf die Frage, ob die Patentdokumentation unter Umständen entbehrlich ist, lautet „Ja" unter der Voraussetzung, daß wir auf jeden gewerblichen Rechtsschutz verzichten (s. a. S. 85).

Auf die allgemeine Verwertbarkeit der Begriffsketten-Fundstellen-Stellkartei ist im Zuge der Darstellung schon mehrfach hingewiesen worden. Es kann hier genügen, auf die Ausführungen auf den Seiten 33 und 88, Ziff. 16 Bezug zu nehmen.

Im Zeitalter der Motorisierung bedarf schließlich noch die hartnäckige Ablehnung der maschinellen Patentdokumentation einer zusammenfassenden Begründung.

Der triftigste Grund ist der: das Maschinenlochkartenverfahren geht aus von einer Fragestellung, die der Neuheitsprüfung wesensfremd ist. Es geht nämlich aus von einem „Dokument" und fragt nach dessen Inhalt. Soll die Frage erschöpfend beantwortet werden, so muß der Inhalt des „Dokumentes" Satz für Satz verschlüsselt und in den Informationsträger, die Maschinenlochkarte, eingespeichert werden. Dazu wird eine Maschinenlochkarte nicht ausreichen, man benötigt also mehrere Maschinenlochkarten. Diese enthalten sodann zahlreiche Antworten auf Fragen, die im Rahmen *einer speziellen* Neuheitsprüfung überhaupt nicht interessieren. Eben deswegen nahm man seine Zuflucht zu den Maschinen, weil sie schneller lesen können als der Mensch, damit sie aus einer Vielzahl von Antworten auf eine Vielzahl von Fragen, von denen bei der Neuheitsprüfung *einer* Patentanmeldung nur ganz wenige, vielleicht auch nur *eine einzige*, interessieren bzw. interessiert, die richtige Antwort heraussuchen. Je länger das Maschinenlochkartenverfahren angewendet und je feiner hierbei das Schrifttum analysiert, sodann verschlüsselt und schließlich gespeichert wird, desto mehr wächst die Maschinenlochkartenkartei an, desto mehr Lochkarten müssen im Wiederholungsfalle, d. h., wenn die gleiche Frage nach geraumer Zeit erneut gestellt wird, die Lochkartenmaschine durchlaufen, mit anderen Worten: der Zeitbedarf für die zweite, dritte usw. maschinelle Recherche nach dem gleichen technischen Sachverhalt wächst im Laufe der Zeit unbedingt an, es sei denn, es gelänge, die „Lesegeschwindigkeit" einer Lochkartenmaschine mit der Zeit fortlaufend zu steigern.

Verzichtet man auf eine erschöpfende Einspeicherung des Inhaltes eines „Dokumentes", beschränkt man also die Zahl der zu speichernden Begriffe, so tut man gerade das, was man nicht tun sollte: man ersetzt das „Dokument" durch ein immer unzulängliches Referat.

Nicht wesensfremd ist dagegen der Neuheitsprüfung die Begriffskette, herausgeschält aus dem Schutzbegehren eines Anmelders, als Ausgangsbasis mit der völlig anderen Fragestellung: In welchen „Dokumenten" und wo in diesen „Dokumenten" ist etwas über diese Begriffskette ausgesagt? Zur zweiten, dritten usw. Suche nach dieser Begriffskette braucht man keine Maschine zu bemühen. Man greift sie aus der Begriffsketten-Fundstellen-Stellkartei, wenn vielleicht nicht immer gleich, so doch in verhältnismäßig sehr kurzer Zeit. Und was im Laufe der Zeit, in der Patentdokumentation in *dieser* Form betrieben wird, wächst, ist lediglich die Zahl der Antworten auf eine und eben nur die *eine*, im Rahmen einer bestimmten Neuheitsprüfung interessierende Frage!

Anmerkungen

[1] F. H. Adler in DFW 4 (1956) S. 160 *l.* 3. v. u.; H. F. Albrecht in Nachr. Dok. 9 (1958) S. 118 *r.* v. und 120 *l.* 2.; H. Danner in GRUR 60 (1958) S. 316 *r.* 3.; Harth in VDI-Nachr. 12 (1958) H. 1 S. 8; W. Heimerdinger in IBM-Nachr. 11 (1961) S. 1345 *l.* 1.; K. Kägi in Reyon 8 (1958) S. 133 *l.* 3. v. u.; W. Rubach in Nachr. Dok. 9 (1958) S. 197 *l.* 3.; R. S. Schultze in Nachr. Dok. 1 (1950) S. 10; H. Voigt im Bl. f. PMZ 54 (1952) S. 241 *l.* v.

[2] Nachr. Dok. 1 (1950) S. 10.

[3] „Het begrip documentatie" in Bibliotheekleven 44 (1959) S. 348/352.

[4] Universitas 13 (1958) S. 1064, 1.

[5] Nachr. Dok. 1 (1950) S. 52 *r.* 1.

[6] VDI-Z 99 (1957) S. 1426 *l.* 2.

[7] Reyon 8 (1958) S. 133 *l.* v.

[8] Dokumentation 7 (1960) S. 138/141.

[9] DFW 8 (1959/60) S. 88 *r.* Ziff. 10., 3.

[10] Nachr. Dok. 3 (1952) S. 43 *l.* 3. v. u. ff.

[11] Festansprache.

[12] DIN 1422 (August 1952) 1. 1, Abs. 2.

[13] *l.* c. 1. 2, Abs. 2.

[14] *l.* c. 1. 1, Abs. 3.

[15] H. F. Albrecht in Nachr. Dok. 9 (1958) S. 119 *r. l.*; H. Danilof in Angew. Chem. 68 (1956) S. 177 *l.* 2.; J. Rieder im Bull. schweiz. elektrotechn. Ver. 45 (1954) S. 114 *l.* Tabelle I; W. Rubach im Bl. f. PMZ 54 (1952) S. 219 *l. l.* ff.; ders. in Mitt. 49 (1958) S. 166 *l. l.* ff.; H. Siegel in Nachr. Dok. 10 (1959) S. 198 *r.* v.

[16] E. Pietsch in Universitas 13 (1958) S. 1064, 1.

[17] RGBl 1877 S. 501/510.

[18] RGBl 1891 S. 79/90.

[19] Klauer-Möhring, Patentgesetz, 2. Aufl. 1940, Verlag Franz Vahlen/Berlin, S. 100 *l.*; 113 *l.*; Krauße, Patentgesetz, Carl Heymanns Verlag, Berlin 1931, S. 39, 2.

[20] E. Meyer und W. Heimerdinger in Nachr. Dok. 9 (1958) S. 172/179.

[21] *l.* c. S. 174 r. Ziff. 1. 2, Abs. 2.

[22] Nachr. Dok. 9 (1958) S. 122 *r.* 3. ff.

[23] Nachr. Dok. 9 (1958) S. 123 *l. l.* ff.

[24] Mitt. 50 (1959) S. 105 *l.* 1.

[25] Nachr. Dok. 8 (1957) S. 169; Nachr. Dok. 9 (1958) S. 210 *l.* 2.; GRUR 61 (1959) S. 178 *r.*

[26] VDI-Z 102 (1960) S. 691 *l. l.*

[27] Dokumentation 7 (1960) S. 140 *l.* Ziff. 5. 2.

[28] DFW 8 (1959/60) S. 88 *r.* Ziff. 10. 3 und 109 *l.* 1. ff.; DFW 8 (Febr. 1960) S. 38 *l.* 1.

[29] Nachr. Dok. 9 (1958) S. 197 *l.* 3. und 198 *l.* 2.
[30] Nachr. Dok. 8 (1957) S. 179/182.
[31] Nachr. Dok. 9 (1958) S. 124 *l.* 2. ff.
[32] DFW 8 (1959/60) S. 88 *r.* 2. ff.
[33] H. Danner in GRUR 60 (1958) S. 318 *l.* 2.
[34] W. Heimerdinger in IBM-Nachr. 11 (1961) S. 1345 *l. l.* ff.
[35] H. Danilof in Angew. Chem. 68 (1956) S. 177 *l.* 3.; G. Hauffe in GRUR 61 (1959) S. 223 *l. l.* ff.; W. Heimerdinger und E. Meyer in VDI-Z 99 (1957) S. 823 *l.* v.; E. Pietsch in Universitas 13 (1958) S. 1066 *l.*
[36] W. Heimerdinger und E. Meyer in VDI-Z 99 (1957) S. 826 *l.* 3.
[37] E. Meyer in DFW 8 (1959/60) S. 88 *l.* Ziff. 8, Abs. 1.
[38] E. Pietsch in Umschau 52 (1952) S. 515 *r. l.*
[39] F. Cirkler und E. H. Hungermann in Nachr. Dok. 9 (1958) S. 124 *r.* Ziff. 4.
[40] F. Cirkler und E. H. Hungermann, *l.* c. S. 124 *l.* 3.
[41] P. Rossbach in Z für O 18 (1944) H. 4/6 S. 32 *r. l.*; F. Wertenson in Nachr. Dok. 10 (1959) S. 22 *l.* v.
[42] W. Heimerdinger und E. Meyer in VDI-Z 99 (1957) S. 827 *l.* v. und 828 *l.* 2.; K. Kägi in Reyon 8 (1958) S. 137 *r.* v.
[43] Nachr. Dok. 10 (1959) S. 22 *l.* v.
[44] O. Frank in VDI-Z 99 (1957) S. 1426 *r.* 7. und 1427 *l.* 2.; M. Scheele in Nachr. Dok. 7 (1956) S. 31 *l.* Ziff. 2.
[45] A. Kunze in GRUR 59 (1957) S. 309 *l.* 4.; M. Scheele in Nachr. Dok. 7 (1956) S. 31 *l.* Ziff. 3.
[46] C. Braband in Nachr. Dok. 8 (1957) S. 114 *r.* v.
[47] Angew. Chem. 68 (1956) S. 178 *r.* 3.
[48] El. Bahn. 10 (1934) S. 225ff.
[49] AEG-Mitt. 1940 S. 37 *l.* 1.
[50] El. Bahn. 11 (1935) S. 123ff. und 157ff.
[51] VDI-Z 98 (1956) S. 396 *r.* 4.
[52] DIN 1504 (August 1956) S. 2 Ziff. 7.
[53] E. Pechhold in Nachr. Dok. 3 (1952) S. 44 *r.* Ziff. 7.
[54] Nachr. Dok. 8 (1957) S. 182 *l. l.* ff.
[55] Nachr. Dok. 10 (1959) S. 219 *r. l.* ff.
[56] Nachr. Dok. 10 (1959) S. 73 *l. l.*
[57] Nachr. Dok. 11 (1960) S. 142 *l.* 1.
[58] Nachr. Dok. 8 (1957) S. 178 *l.* 1.
[59] G. Hauffe im Bl. f. PMZ 54 (1952) S. 245 *r.* 1.
[60] ders. in Nachr. Dok. 8 (1957) S. 142 *r.* 1.
[61] die Beispiele 1 bis 4 in DIN 1504 (August 1956) S. 3/4.
[62] ETZ-B 5 (1953) S. 30.
[63] wie vorstehend.
[64] Reyon 8 (1958) S. 135 *r.* 1.
[65] Umschau 52 (1952) S. 515 *r.* 2.
[66] Nachr. Dok. 9 (1958) S. 124 *l.* Ziff. 3. 3. 1.
[67] Angew. Chem. 68 (1956) S. 177 *r. l.* ff.

[68] Nachr. Dok. 8 (1957) S. 181 *l. l.*
[69] VDI-Z 99 (1957) S. 1425 *l.* 3. v. u.
[70] Übersetzung in Nachr. Dok. 5 (1954) S. 125/129; hier S. 127 *r.* 3.
[71] VDI-Z 99 (1957) S. 826 *l.* 4.
[72] Nachr. VSB-SVD 31 (1955) S. 131, 2.
[73] Nachr. Dok. 7 (1956) S. 143 *r. l.* ff. und 144 *r.* 2.
[74] Nachr. Dok. 3 (1952) S. 44 *l.* 4. Ziff. 4.
[75] Umschau 52 (1952) S. 514 *l.* 2.
[76] Nachr. Dok. 11 (1960) S. 142 *r.* Ziff. 2. c).
[77] Nachr. Dok. 3 (1952) S. 34 *r.* 2.
[78] Nachr. Dok. 10 (1959) S. 25 *r.* 2.
[79] VDI-Z 99 (1957) S. 828 *l. l.*
[80] Reyon 8 (1958) S. 137 *r. l.*
[81] Universitas 14 (1959) S. 183 *l.*
[82] Nachr. Dok. 8 (1957) S. 178 *l.* 2.
[83] GRUR 60 (1958) S. 317 *r.* v.
[84] GRUR 60 (1958) S. 156 *r.* 1. und 161 *r.* 1.
[85] DIN 1422 (August 1952) Ziff. 1. 2, letzter Absatz.
[86] H. Danner in GRUR 60 (1958) S. 318 *r.* 3.; O. Dick in GRUR 60 (1958) S. 158 *l.* 1.; H. Dickmann in Nachr. Dok. 1 (1950) S. 52 *l.* 2. ff.; W. Rubach in Nachr. Dok. 9 (1958) S. 197 *r. l.*; H. Siegel in Nachr. Dok. 10 (1959) S. 200 *r.* 2.; H.-K. Soeken und W. Büchen in Rev. Doc. XIX (1952) Fasc. 2 S. 37 *r.* 2.
[87] H. Dickmann *l.* c.
[88] *l.* c.
[89] GRUR 60 (1958) S. 318 *l.* 2.
[90] Ir. P. van Waasbergen in Nachr. Dok. 8 (1957) S. 178 *r. l.*
[91] H. Dickmann in Nachr. Dok. 1 (1950) S. 50 *r.* 1.; G. Hauffe in Nachr. Dok. 8 (1957) S. 144 *r.* 2.
[92] Angew. Chem. 68 (1956) S. 178 *r.* 3.
[93] G. Hauffe in GRUR 61 (1959) S. 225 *l.* 1.
[94] G. Hauffe in Nachr. Dok. 8 (1957) S. 145 *l.* 1. und S. 146 *r.* G., ferner in GRUR 61 (1959) S. 224 *r.* Ziff. 7.
[95] W. Heimerdinger und E. Meyer in VDI-Z 99 (1957) S. 821 *l.* 2.; E. Pietsch in Universitas 14 (1959) S. 180 *l.* und 182 v.; H. Siegel in Nachr. Dok. 10 (1959) S. 201 *l. l.*, 203 *r.* 2. und 204 *r.* 2.
[96] O. Frank in VDI-Z 99 (1957) S. 1426 *l.* 4.; E. Pietsch in Universitas 13 (1958) S. 1068, 1.
[97] Nachr. Dok. 6 (1955) S. 173 *r.*
[98] G. Hauffe in GRUR 61 (1959) S. 223 *l.*
[99] DIN 1422 (August 1952) Ziff. 1. 2, Absatz 2.
[100] DIN 1421 (Februar 1960) Ziff. 2. 4., Absatz 2.
[101] Rev. Doc. XIX (1952) Fasc. 2, S. 37 *l.* 2.; G. Hauffe in GRUR 61 (1959) S. 225 *l.* Ziff. 13.
[102] E. Pietsch in Umschau 52 (1952) S. 514 *l.* 1.
[103] E. Pietsch in Universitas 13 (1958) S. 1072, 1.

Literaturverzeichnis

Bücher

Bradford, S. C.: Documentation. Crosby Lockwood & Son Ltd., London 1953.

Casey, R. S., & Perry, J. W.: Punched Cards. Their Applications to Science and Industry. Reinhold Publ. Corp. New York 1951.

Casey, R. S., Perry, J. W., Berry, M. M., & Kent, A.: Punched Cards. Their Applications to Science and Industry. 2. ed. Reinhold Publ. Corp. New York, Chapman & Hall Ltd., London 1958.

Castillon, H.: Einführung in die Lochkarten-Technik. Verlag Die Wirtschaft, Berlin 1958.

Couffignal, L.: Denkmaschinen. Gustav Kilpper Verlag, Stuttgart 1955.

Frank, O.: Genormte Fachausdrücke und Zeichen. Normenheft 9. Deutscher Normenausschuß. Beuth-Vertrieb GmbH., Berlin/Krefeld-Uerdingen 1949.

Frank, O.: Einführung in die Dokumentation. Beuth-Vertrieb GmbH., Berlin W 15/ Krefeld-Uerdingen 1949.

Frank, O.: Literaturverzeichnis zur Dokumentation 1930—1950. Beuth-Vertrieb GmbH., Berlin W 15/Köln 1951.

Frank, O.: Literaturverzeichnis zur Dokumentation 1951—1954. Dorotheen-Verlag, Stuttgart 1955.

Frank, O.: Literaturverzeichnis zur Dokumentation 1955—1958. Dorotheen-Verlag, Stuttgart 1959.

Gardner, M.: Logic Machines and Diagrams. Mc Graw Hill Book Company, Inc., New York/Toronto/London 1958.

Jackson, W.: Communication-Theory. Butterworths Scientific Publications, London 1953.

Majewski, Z.: Das Dokumentationsnetz der wissenschaftlich-technischen Dokumentation im In- und Ausland, Warschau 1955.

Meyer, E.: Grundfragen der Patentdokumentation. München 1960. (Kommissionsverlag: VDI-Verlag GmbH., Düsseldorf.) 2. Auflage Dez. 1961.

N. N.: Die Handlochkarte. Technik und Anwendung in Wirtschaft und Verwaltung. AWV-Schriftenreihe Nr. 146. Herausgegeben vom Ausschuß für wirtschaftliche Verwaltung (AWV), Arbeitskreis Handlochkarten. Agenor-Verlag, Frankfurt (Main) 1958.

N. N.: Dokumentation in Österreich. Biblos-Schriften Band 2. Verlag Brüder Hollinek, Wien 1953.

N. N.: Handbuch der Lochkarten-Organisation. Teil 1, AWV-Schriftenreihe Nr. 142, 1956; Teil 2, AWV-Schriftenreihe Nr. 144, 1958. Agenor-Verlag, Frankfurt (Main).

N. N.: Handbuch der Technischen Dokumentation und Bibliographie. Verlag Dokumentationen der Technik, München 1959ff (wird laufend ergänzt).

Patent Office Research and Development Reports. US-Department of Commerce, Patent Office, Washington Nr. 1 (1956) ff.

Perry, J. W., & Kent, A.: Documentation and Information Retrieval. The Press of Western Reserve University and Interscience Publishers, Inc., Michigan 1957.

Proceedings of the International Conference on Scientific Information, Washington D. C. 16—21. 11. 1958.

Scheele, M.: Die Lochkartenverfahren in Forschung und Dokumentation mit besonderer Berücksichtigung der Biologie. Schweizerbart, Stuttgart 1954.

Scheele, M.: Literatur über Lochkartenverfahren. H. Guntrum II. K. G., Schlitz (Hessen) 1959.

Scherrer, P.: Die Bibliothek des Deutschen Patentamtes und die kulturellen Aufgaben Technischer Bibliotheken. Festansprache anläßlich der Inbetriebnahme des Neubaues des Deutschen Patentamtes, gehalten am 24. April 1959. Carl Heymanns Verlag K. G., München/Köln/Berlin 1959 (zitiert nur als „Festansprache").

Schön, O.: Die Polydezimalschüssel und ihre Überlagerungskapazität. Vortrag gehalten in Würzburg zur 12. Jahresversammlung und Arbeitstagung der Deutschen Gesellschaft für Dokumentation e. V. am 20. Oktober 1960 (vervielfältigtes Manuskript).

Shera, J. H.: Advances in Documentation and Library Science. Bd. 1: Peakes, G. L., Kent, A., & Perry, J. W.: Progress Report in Chemical Literature Retrieval. 1957. Bd. 2: Shera, J. H., Kent, A., & Perry, J. W.: Information Systems in Documentation. 1957. Bd. 3, Teil 1: Kent, A.: Information Retrieval and Machine Translation. 1960. Bd. 3, Teil 2: ders. do. 1961. Interscience Publ., Inc., New York; Interscience Publ., Ltd., London.

Shera, J. H., Kent, A., & Perry, J. W.: Documentation in Action. Reinhold Publ. Corp. New York, Chapman & Hall, Ltd., London 1956.

Singer, T. E. R.: Information and Communication Practice in Industry. Reinhold Publ. Corp. New York, Chapman & Hall Ltd., London 1958.

Taube, M., & Wooster, H.: Information Storage and Retrieval. Columbia University Press, New York 1958.

Trumpf, H.-J.: Die Lochkartenfibel. EKAHA-Organisation-Edler & Krische, Hannover 1960.

Gruppeneinteilung der Patentklassen, bearbeitet vom Deutschen Patentamt. 7. Auflage, Carl Heymanns Verlag K. G., München/Köln/Bonn/Berlin 1958.

Stichwörter-Verzeichnis. Bearbeitet vom Deutschen Patentamt. 5. Auflage. Albert Nauck & Co, München/Detmold/Berlin 1951.

Normen

DIN 1421 (Februar 1960): Abschnittsnummerierung in Schriftwerken.

DIN 1422 (August 1952): Technisch-wissenschaftliche Veröffentlichungen. Richtlinien für die Gestaltung.

DIN 1426 (Juli 1953): Schrifttumsberichte, Richtlinien.

DIN 1501 (Juli 1928): Zeitschriften. Ordnungsleiste auf der ersten Umschlagseite.

DIN 1502 (Februar 1955): Zeitschriftenkurztitel. Internationale Regeln für die Kürzung der Zeitschriftentitel. Wörter aus Sprachen mit lateinischen Schriftzeichen.

DIN 1503 (Mai 1938): Wissenschaftliche Zeitschriften. Richtlinien für die Gestaltung.

DIN 1504 (August 1956): Schrifttumskarten.
DIN 1505 (Entwurf April 1958): Titelangaben von Schrifttum. Richtlinien.
DIN 2330 (Juli 1961): Begriffe und Benennungen. Allgemeine Grundsätze.
DIN 5007 (Dezember 1948): Deutsche Einheits-ABC-Regeln.

Zeitschriften

American Documentation, published quarterly by American Documentation Institute, Washington 1950ff. (Zitiertitel: Am. Document.).
ASLIB Proceedings, London 1949ff.
Bibliographical Bulletin for Welding. Bulletin de Documentation de la Soudure et des Techniques Connexes, Paris 1949ff.
Biblos, Oesterreichische Zeitschrift für Buch und Bibliothekswesen, Dokumentation, Bibliographie und Bibliophilie, Wien 1952ff.
Bulletin de Docŭmentare Technică, Bŭcŭresti 1949ff.
Bulletin de Documentation Bibliographique, Paris 1950ff.
Dokumentation, Zeitschrift für Theorie und Praxis der Dokumentationsarbeit, Leipzig 1953ff.
Dokumentation, Fachbibliothek, Werksbücherei, Hannover 1951ff.
Erfindungs- und Vorschlagswesen, Berlin 1952ff.
F.I.D. Informations, F.I.D. News Bulletin, Brüssel 1951ff.
GRUR (Gewerblicher Rechtsschutz und Urheberrecht), Weinheim/Bergstraße 1896ff.
IBM Journal of Research and Development, New York 1957ff.
IBM-Nachrichten, herausgegeben von der Internationalen Büro-Maschinen-Gesellschaft m.b.H., Sindelfingen bei Stuttgart 1951ff.
Informationsdienst Verpackung mit Dokumentationsdienst, Berlin 1958ff.
Journal of Documentation, London 1945ff.
Journal of the Patent Office Society (JPOS), Washington 1918/19ff.
Mitteilungen der Deutschen Patentanwälte, München/Köln/Berlin 1901ff.
Nachrichten für Dokumentation, Frankfurt/Main 1950ff.
Review of Documentation, Revue de la Documentation, Den Haag 1949ff. (früher FID-Communicationes).
Tidskrift för Dokumentation, Stockholm 1949ff., 1 (1945) ff als Teknisk Dokumentation.
Tijdschrift voor Efficientie en Documentatie, 's Gravenhage 1931ff.

Deutschsprachige Zeitschriften-Aufsätze

Adler, F. H.: Neue Hilfsmittel betrieblicher Dokumentation. DFW 4 (1956) S. 160/163.
Albrecht, H. F.: Die Randlochkartei als rationelles Hilfsmittel im gewerblichen Rechtsschutz. Nachr. Dok. 5 (1954) S. 66/73.
Albrecht, H. F.: Einige Probleme und Fragen der Patentdokumentation im Industriebetrieb. Nachr. Dok. 9 (1958) S. 117/122.
Andrews, D. D., u. Newman, S.: Stand und Planung der Forschungs- und Entwicklungsabteilung des U.S.-Patentamtes. Nachr. Dok. 1958, Beih. 4, S. 12/17.
Asman, I. B., u. Curtis, L. J.: Überblick über die mechanische Nachforschung im australischen Patentamt. Nachr. Dok. 1958, Beih. 4, S. 29/41.

Braband, C.: Einige Vorschläge für die Ausgestaltung des Sichtlochkartenverfahrens. Nachr. Dok. 8 (1957) S. 42/44.

Braband, C.: Literaturnachforschungen für Aufgaben des gewerblichen Rechtsschutzes. Nachr. Dok. 8 (1957) S. 113/115.

Braband, C.: Literaturverzeichnis zum Vortrag „Zur Literaturrecherche für das Patentwesen geeignete Selektionsverfahren", gehalten auf der 9. Jahresversammlung der Deutschen Gesellschaft für Dokumentation in München am 12. November 1957 (als Manuskript gedruckt).

Brämer, J.: Zur Dokumentation der Patentschriften. Dokumentation 1 (1953/54) S. 143/144.

Brämer, J.: Die Patentschrift als Rechtsurkunde und Schrifttumsquelle. Dokumentation 2 (1955) S. 91/93.

Brämer, J.: Die internationale Patentklassifikation ein Hilfsmittel für den Dokumentalisten. Dokumentation 4 (1957) S. 42.

Brämer, J.: Zur Karteikarte für Patentschriften. Dokumentation 5 (1958) S. 48.

Brämer, J.: Bibliographischer Nachweis und inhaltliche Erschließung von Patentschriften und Gebrauchsmustern im Rahmen der Literaturinformation einer Dokumentationsstelle. Dokumentation 6 (1959) S. 157/160.

Bray, R. G. de: Suchverfahren im Britischen Patentamt. Nachr. Dok. 1958, Beih. 4, S. 18/28.

Cirkler, F., u. Hungermann, E. H.: Patentdokumentation mit Handlochkarten. Nachr. Dok. 9 (1958) S. 123/130.

Clason, W. E.: Klassifizierung der Literatur nach dem System gleichwertiger Grundbegriffe. Nachr. Dok. 8 (1957) 27/29.

Danilof, H.: Dokumentation chemischer Patentliteratur. Angew. Chem. 68 (1956) S. 176/178.

Danilof, H.: Vergleichende Zeitstudie verschiedener Verfahren zur Dokumentation von Patentschriften. Nachr. Dok. 8 (1957) S. 179/182.

Danilof, H., u. Heimerdinger, W.: Die Lochkarte in der Patentliteratur. Nachr. Dok. 3 (1952) S. 192/195.

Danner, H.: Beitrag zur Debatte über eine Reform des erstinstanzlichen Prüfungsve fahrens in Patentsachen vor dem Deutschen Patentamt. GRUR 60 (1958) S. 8/12.

Danner, H.: Wir stehen am Wendepunkt des Patenterteilungsverfahrens. GRUR 60 (1958) S. 314/319.

Deicke, S.: Karteikarte für Patentschriften. Dokumentation 5 (1958) S. 46/47.

Dick, O.: Verbesserung des gewerblichen Rechtsschutzes und Entlastung des Patentamtes. GRUR 60 (1958) S. 156/161.

Dickmann, H.: Aus der Praxis der technischen Dokumentation. Nachr. Dok. 1 (1950) S. 50/52.

Donker-Duyvis, F.: Die Internationale Förderung der Dokumentation mit Bezug auf die internationale Förderung des Patentwesens. Rev. Doc. 23 (1956) S. 80/82.

Donker Duyvis, F.: Die Entstehung des Wortes „Dokumentation" im Namen der FID. Rev. Doc. 26 (1959), S. 15/16.

Draheim, H.: Benennungen von Lochkarten. Nachr. Dok. 8 (1957) 94/97.

Frank, O.: Die Möglichkeiten zum Ausschöpfen des im technischen Schrifttum niedergelegten Wissens. VDJ-Z 99 (1957) S. 1423/1428.
Frank, O.: Auswertung von Patentschriften durch Mikrokarten. DFW 6 (1957/58) S. 89/94.
Fricke, J.: Bericht über eine Sitzung des „Ausschusses für Patentdokumentation". Mitt. 50 (1959) S. 103/107.
Fritzsche, H.-J.: Zur Dokumentation der Patentliteratur. Dokumentation 4 (1957) S. 71/73.
Fuchs, K.: Was erwartet die Technik von der Patentdokumentation? Nachr. Dok. 8 (1957) S. 169/171.
Fuchs, K.: 2. Sitzung des Ausschusses für Patentdokumentation am 16. Dez. 1958 in München. Nachr. Dok. 9 (1958) S. 209/210.
Fuchs, K.: Ausschuß für Patentdokumentation. GRUR 61 (1959) S. 178.
Grobe, G., u. Meyer, E.: Unter welchen Voraussetzungen „lohnt" sich eine Patentdokumentation? VDJ-Z 102 (1960) S. 691/693.
Harth: Mit Karten, Schlitzen und Löchern gegen die Literaturflut. VDJ-Nachr. 12 (1958) Nr. 1, S. 8.
Hauffe, G.: Sichtung und Ordnung technischen Schrifttums. Mitt. 38 (1938) S. 5/9.
Hauffe, G.: Sichtung und Ordnung technischen Schrifttums. GRUR 43 (1938) S. 952/953.
Hauffe, G.: Sichtung und Ordnung technischen Schrifttums für die Neuheitsprüfung im Patenterteilungsverfahren. Bl. f. PMZ 54 (1952) S. 244/247; vgl. EuM 69 (1952) S. 536/539.
Hauffe, G.: Der Stand der Technik. Seine Feststellung und Festlegung. Nachr. Dok. 8 (1957) S. 142/146.
Hauffe, G.: Patentrecherche mit Stichwortkarten. GRUR 61 (1959) S. 218/225.
Heimerdinger, W.: Maschinelle Voraussetzungen für die Verwendung von Hollerith-Lochkarten mit der Ordnung nach der Dezimalklassifikation (UDC). Nachr. Dok. 6 (1955) S. 171/176.
Heimerdinger, W., u. Meyer, E.: Patentrecherche mit Maschinenlochkarten. VDJ-Z 99 (1957) S. 821/828.
Heine, H. G.: Zur Arbeitslage des Patentamtes. GRUR 60 (1958) S. 105/109.
Herrmann, E.: Die Dezimalklassifikation als Ordnungsmittel für Patente. DFW 2 (1954) S. 55/57.
Herz, H.: Die Dokumentation in der Tschechoslowakei. Nachr. Dok. 9 (1958) S. 63/70.
Kägi, K. Die Patent-Registratur auf Randlochkarten. Nachr. VSB-SVD 31 (1955) S. 129/132.
Kägi, K.: Literaturdokumentation mit Hilfe von Maschinenlochkarten — Kodifizierung von Sachverhalten. Reyon 8 (1958) S. 133/137.
King, A.: Technische Information und Dokumentation in Großbritannien. Nachr. Dok. 8 (1957) S. 1/7.
Kirchstein, G.: Schlüssel und Lochschriften. Nachr. Dok. 11 (1960) S. 23/28.
Kistermann, Fr.: Zur Geschichte und Entwicklung des Sichtlochkarten-Verfahrens. DFW 6 (1957) S. 7/13.
Kistermann, Fr., und Ühlein, E.: Die Sichtlochkarte. Umschau 57 (1957), S. 370/71.

Knappe, W.: Einige Gesichtspunkte zur Anwendung von Sichtlochkarten. Nachr. Dok. 7 (1956) S. 140/145.
Koblitz, J.: Die Dokumentation und das Erfindungs- und Patentwesen. Dokumentation 7 (1960) S. 100/106.
Konecny, E.: Die neue Richtung der Patentdokumentation in der CSR. EuV 5 (1956) S. 57.
Kunze, A.: Die begriffliche Festlegung technischer Gegenstände in der Patentschrift. GRUR 59 (1957) S. 308/311.
Kunze, A.: Zur Dokumentation des Prüfstoffes im Deutschen Patentamt. Nachr. Dok. 10 (1959) S. 137/139.
Kunze, A.: Der Stand der vom Ausschuß für Patentdokumentation durchgeführten Entwicklungsarbeiten für die mechanische Selektion der Patentliteratur. Nachr. Dok. 10 (1959) S. 219/221.
Lehrack, K.-D.: Das japanische Dokumentationszentrum. Dokumentation 7 (1960) S. 118/119.
Malina, O.: Karteikarte für Patentschriften. Dokumentation 6 (1959) S. 25/26.
Mathys, E.: Internationale Dokumentation. SBZ 71 (1953) S. 434/435.
Meldau, R.: Dokumentation und Rechtsanpassung zur Vereinfachung der Patentprüfung. Mitt. 49 (1958) S. 130/134.
Meyer, E.: Zur Klärung der Verständigung auf dem Gebiete der Patentdokumentation. DFW 7 (1958/59) S. 193/196.
Meyer, E.: Zerlegung von Patentansprüchen. DFW 7 (1958/59) S. 207/208.
Meyer, E.: Patentansprüche, ihre Analyse und Typenbildung. DFW 8 (1959/60) S. 38/46.
Meyer, E.: Die Stadien der Patentdokumentation. DFW 8 (1959/60) S. 86/90.
Meyer, E.: Patentdokumentation durch Verfeinerung der Patentklassifikation. DFW 8 (1959/60) S. 109/114.
Meyer, E., u. Heimerdinger, W.: Wie ist heute die Erfassung des literarisch gegebenen Standes der Technik noch möglich? Nachr. Dok. 9 (1958) S. 172/179.
Mikolajski, M.: Bemerkungen über die Entwicklung einer Dokumentationskartei mit Lochkarten. Dokumentation 3 (1956) S. 128/132.
Nathanson, O.: Münchner Zusammenkunft der Leiter der europäischen Prüfungsämter. GRUR 1957, Auslandsteil, S. 244/245.
Nischk, K.: Das Literaturproblem beim Wiederaufbau deutscher naturwissenschaftlich-technischer Forschung. Ein Vorschlag zu seiner Lösung. GRUR 50 (1948) S. 103/106.
N. N.: Die Dezimalklassifikation der technischen Literatur. BBC-Mitt. Mannheim 6 (1919) S. 206/210.
N. N.: Wissenschaft und Literaturbeschaffung II. Endeavour XI (1952) Nr. 41 S. 3/4.
N. N.: Auswertung des Fachschrifttums für die Leser der ETZ. ETZ-B 5 (1953) S. 29/30.
N. N.: Sichtlochkarten. DFW 4 (1956) S. 161.
Pechhold, O.: Die Schlitzkarte, ein Hilfsmittel zur Rationalisierung der Dokumentationstechnik. Nachr. Dok. 3 (1952) S. 43/45.
Pietsch, E.: Mechanisierte Dokumentation — ein Weg zur Ökonomie geistigen Schaffens. Umschau 52 (1952) S. 513/516.

Pietsch, E.: Der Weg nach München. Nachr. Dok. 1958, Beih. 4, S. 3/11.

Pietsch, E.: Die automatische Erfassung und Auswertung des modernen Wissens. Universitas 13 (1958) S. 1063/1074.

Pietsch, E.: Die technischen Möglichkeiten zur automatischen Erfassung und Verwertung des modernen Wissens. Universitas 14 (1959) S. 175/184.

Preisher, H., Rau, G., u. Busch, R.: Literatur-Aufbereitung und Verfahren zur maschinellen Dokumentation. Nachr. Dok. 10 (1959) S. 70/73.

Rieder, J.: Dokumentation im gewerblichen Rechtsschutz. Bull. schweiz. elektrotechn. Ver. 45 (1954) S. 113/116.

Rossbach, P.: Das Lochkartenverfahren in der Patentabteilung. Z für O 18 (1944) H. 4/6, S. 32.

Rubach, W.: Zur Klassifikation von Patentanmeldungen. Bl. f. PMZ 54 (1952) S. 219/223.

Rubach, W.: Die „Internationale Patentklassifikation" in Grundlagen und Zielsetzung sowie ihre Wechselbeziehungen zur deutschen „Gruppeneinteilung der Patentklassen". Mitt. 49 (1958) S. 166/170.

Rubach, W.: Über den Stand der Arbeiten zur Patentdokumentation. Nachr. Dok. 9 (1958) S. 197/198.

Rupprecht, H.: Dokumentalist und Informationsingenieur — neue Berufe. Die Technik 16 (1961) S. 589/590.

Sattelberg, K.: Lochspeicher. ATM Lfg. 302 (3. 1961) J 083-4, S. 69/70.

Sattelberg, K.: Magnetspeicher. ATM Lfg. 304 (5. 1961) J 083-5, S. 111/114.

Scheele, M.: Zur Terminologie der Lochkartenverfahren. Nachr. Dok. 7 (1956) S. 31/34.

Scher, A.: Maschinen als Neuheitsprüfer im US-Patentamt. Mitt. 49 (1958) S. 109/110.

Scherpenhuijsen, G.: Amerikanische Forschung auf dem Gebiet der Literaturdokumentation. Nachr. Dok. 8 (1957) S. 120/124.

Schmidt, H.: Die Mikrokarte und ihre Probleme. DFW 7 (1958/59) S. 83/84.

Schön, O.: Der Quartettschlüssel — ein wirksames Mittel zur optimalen Nutzung von Schlitz- und Maschinenlochkarten. Nachr. Dok. 11 (1960) S. 142/146.

Schürmeyer, W.: SELECTO — Ein neues Auswahlsystem für die Dokumentation. Nachr. Dok. 3 (1952) S. 33/34.

Schultze, R. S.: Literaturflut und mechanische Auskunftserteilung unter Berücksichtigung der modernen Einrichtungen des Auslandes. Nachr. Dok. 1 (1950) S. 10/16.

Siegel, H.: Literaturbericht und kritische Bibliographie zum Schrifttum der Patentdokumentation. Nachr. Dok. 10 (1959) S. 197/209.

Siegel, H.: Die Bibliothek des Deutschen Patentamtes und ihr Nutzen für den gewerblichen Rechtsschutz. Mitt. 51 (1960) S. 66/72.

Siegel, H.: Literaturbericht und kritische Bibliographie zum Schrifttum der Patentdokumentation II. Nachr. Dok. 12 (1961) S. 193/201.

Soeken, H.-K.: Die Dokumentation in Deutschland in den Jahren 1957/58. Probleme der Entwicklung und Organisation. Nachr. Dok. 9 (1958) S. 203/208.

Soeken, H.-K., u. Büchen, W.: Die Auswertung des Schrifttums. Rev. Doc. 19 (1952) S. 35/38.

Stummvoll, J.: Patentwesen und Dokumentation. Biblos 3 (1954) S. 128/141.

Susen, C. L.: Versuche mit IBM-Lochkarten des amerikanischen Patentamtes auf dem Gebiet der Steroide, Nachr. Dok. 11 (1960) S. 134/137.

Ühlein, E.: 9. Jahrestagung der Deutschen Gesellschaft für Dokumentation e. V. vom 11.—15. November 1957 in München, Amerika-Haus. Nachr. Dok. 8 (1957) S. 196/200.

Ühlein, E.: Automatische Dokumentation in der Praxis — Internationale Arbeitstagung in Frankfurt (Main) am 9.—12. Juni 1959 (ADIA). Nachr. Dok. 10 (1959) S. 93/96.

Ühlein, E.: Terminologie der Lochkarten. Nachr. Dok. 11 (1960) 210/11.

Voigt, H.: Die Bibliothek des Deutschen Patentamts. Bl. f. PMZ 54 (1952) S. 240/243.

Waasbergen, Ir. P. van: Stand, Möglichkeiten und Aussichten der Patentrecherche in internationaler Sicht. Nachr. Dok. 8 (1957) S. 172/179.

Weidlich, R.: Das Patentprüfungssystem muß uns erhalten bleiben. GRUR 59 (1957) S. 509/512.

Wertenson, F.: Patentdokumentation mit Lochkarten im Bereiche eines größeren Prüfungsgebietes. Nachr. Dok. 10 (1959) S. 21/24.

Westendorp, J.: Über das Wiederauffinden von nach dem Sichtlochkartenverfahren eingetragener Literatur. Nachr. Dok. 10 (1959) S. 24/26.

Wüster, E.: Wie nenne ich das Ding? VDI-Z 95 (1953) S. 1180.

Wuesthoff, F: Die Zukunft des Patentamtes. GRUR 59 (1957) S. 249/258.

Wyart, J.: Die technische und wissenschaftliche Dokumentation in Frankreich. Nachr. Dok. 3 (1952) S. 133/137.

Zekalle, R.: Zum Terminus „Patentdokumentation". Dokumentation 7 (1960) S. 121/122.

Zekalle, R.: Die Dokumentation der Dokumentation und Information in der Deutschen Demokratischen Republik (DDR). Rev. Doc. 28 (1961) S. 63/66.

Zeunert, G.: Reform des Patenterteilungsverfahrens. Ein Vorschlag von Patentanwalt Dr. F. Wuesthoff, München. VDI-Nachr. 11 (1957) Nr. 17, S. 6.

Zschokke, H.: Erfahrungen mit einfachen Hilfsmitteln (Rand-, Schlitz- und Sichtlochkarten). Chimia 12 (1958) S. 174/179.

Fremdsprachige Zeitschriften-Aufsätze

Andrews, D. D.: Machine Searching of Patent Files Using SEAC Computer, Subject Field: Steroid Compounds. J. Doc. 13 (1957) S. 220/221.

Andrews, D. D.: U.S. Patent Office of Research and Development, in: Current Research and Development in Scientific Documentation No. 4, April 1959 S. 29/32.

Andrews, D. D., & Lanham, B. E.: U. S. Patent Office. Office of Research and Development, in: Current Research and Development in Scientific Documentation No. 3, October 1958 S. 35/37.

Bailey, M. F.: History of Classification of Patents. JPOS 28 (1946) S. 463/507 und 537/575.

Bailey, M. F., Lanham, B. E., & Leibowitz, J.: Mechanized Searching in the U. S. Patent Office. JPOS 35 (1953) S. 566/587.

Ball, N. T.: Searching Patents by Machine. Am. Document. 6 (1955) S. 88/92.

Baxendale, P. B.: Machine-Made Index for Technical Literature — An Experiment. IBM Journal 2 (1958) S. 354/361.

Bennett, E. M.: Searching Classified Patent Specifications. ASLIB Proc. 4 (1952) S. 75/86.

Berry, M. M., & Perry, J. W.: Notational Systems for Structural Formulas. Chem. Eng. News 30 (1952) S. 407/410.

Berry, M. M., Perry, J. W., & Kent, A.: Machine Literature Searching. IV. Collection of Terminology. Am. Document. 5 (1954) S. 95/100.

Bohnert, L. M.: Two Methods of Organizing Technical Information for Search. Am. Document. 6 (1955) S. 134/151.

Braffort, P., & Leroy, A.: Des mots-clés aux phrases-clés. Bulletin des Bibliothèques de France 4 (1959) S. 383/391.

Campbell, D. J.: The Use of Notches in Cards as a Means of Signalling Information. J. Doc. 9 (1953) S. 224/225.

Cochran, S. W.: Recent Progress in Patent Classification. Ind. Eng. Chem. 40 (1948) S. 731/733.

Cochran, S. W., & Perry, J. W.: Conventional and Mechanized Search Methods. Ind. Eng. Chem. 42 (1950) S. 1456/1457.

Cordonnier, G.: Classification, Classement, Rangement et Sélection. CNOF 25 (1951) No. 5/6, S. 19/35.

Emery, A. H.: Scientific Aids for Literature Searching. Chem. Eng. News 30 (1952) S. 918.

Fairthorne, R. A.: Information Theory and Clerical Systems. J. Doc. 9 (1953) S. 101/116.

Fairthorne, R. A.: The Theory of Communication. ASLIB Proc. 6 (1954) S. 255/267.

Farradane, J. E. L.: A Scientific Theory of Classification and Indexing and its Practical Applications. J. Doc. 6 (1950) S. 83/99.

Farradane, J. E. L.: A Scientific Theory of Classification and Indexing: Further Considerations. J. Doc. 8 (1952) S. 73/92.

Farradane, J. E. L.: The Psychology of Classification. J. Doc. 11 (1955) S. 187/201.

Frome, J., & Leibowitz, J.: A Punched Card System for Searching Steroid Compounds. Pat. Off. Res. Dev. Rep. No. 7 v. 8. 7. 57.

Hillbo, G.: Hjälpmedel vid sökande i patentlitteraturen. Tidskrift för Dokumentation 10 (1954) S. 67/70.

Jeffery, C. N.: Application of Punched Cards to Patent Searching. J. Inst. Engrs. Australia 26 (1954) No. 6, S. 107/110.

Kent, A., Berry, M. M., Luehrs, F. U., & Perry, J. W.: Machine Literature Searching. VIII. Operational Criteria for Designing Information Retrieval Systems. Am. Document. 6 (1955) S. 93/101.

Kent, A., Berry, M. M., & Perry, J. W.: Machine Literature Searching. II. Problems in Indexing for Machine Searching. Am. Document. 5 (1954) S. 22/25.

Kent, A., Berry, M. M., & Perry, J. W.: Machine Literature Searching. III. Making Indexes Amenable to Machine Searching. Am. Document. 5 (1954) S. 92/94.

Kent, A., Booth, R. E., & Perry, J. W.: Machine Searching of Metallurgical Literature. Metal Progress 71 (1957) No. 2, S. 71/75.

Kent, A., & Perry, J. W.: New Indexing-Abstracting System for Formal Reports, Development and Proof Services, Aberdeen Proving Ground. Am. Document. 8 (1957) S. 34/46.

Kent, A., Perry, J. W., & Berry, M. M.: Machine Literature Searching. V. Definition and Systematization of Terminology for Code Development. Am. Document. 5 (1954) S. 166/173.

King, A.: The Work of International Organisations and Foreign Documentations Centres. ASLIB Proc. 7 (1955) S. 3/14.

King, G. W.: A new Approach to Information Storage. Control Engineering 2 (1955) August S. 48/53.

Lanham, B. E.: Chemical Patent Searches. Ind. Eng. Chem. 43 (1951) S. 2494/2496.

Lanham, B. E., & Leibowitz, J.: Classification, Searching and Mechanization in the U.S. Patent Office. JPOS 40 (1958) S. 86/109.

Lanham, B. E., Leibowitz, J., & Koller, H. R.: Advances in Mechanization of Patent Searching. JPOS 38 (1956) S. 820/838.

Luehrs, F. U., Kent, A., Perry, J. W., & Berry, M. M.: Machine Literature Searching. VII. Machine Functions and Organization of Semantic Units. Am. Document. 6 (1955) S. 33/39.

Luhn, H. P.: A New Method of Recording and Searching Information. Am. Document. 4 (1953) S. 14/16.

Luhn, H. P.: A Statistical Approach to Mechanized Encoding and Searching of Literary Information. IBM Journal 1 (1957) S. 309/317.

Luhn, H. P.: A Business Intelligence System. IBM Journal 2 (1958) S. 314/319.

Mack, J. D.: Documentation Terminology. Rev. Doc. 25 (1958) S. 37/44.

Maierson, A. T., & Howell, W. W.: Application of Standard Business Machine Punched-Card. Equipment to Metallurgical Literature References. Am. Document. 4 (1953) S. 3/13.

Mathys, H. R.: Patents as a Source of Information. ASLIB Proc. 4 (1952) S. 69/74.

Mooers, C. N.: Zatacoding and Developments in Information Retrieval. ASLIB Proc. 8 (1956) S. 3/22.

Newman, S. M.: Problems in Mechanizing the Search in Examining Patent Applications. Pat. Off. Res. Dev. Rep. No. 3, 1956.

Newman, S. M.: Linguistics and Information Retrieval. Toward a Solution of the Patent Office Search Problem. JPOS 39 (1957) S. 720/729.

N. N.: Additional Steroid Punched Card File. JPOS 41 (1959) S. 295/296.

N. N.: Annual Report of the Commissioners of Patents, Fiscal Year 1958, Research and Development. JPOS 41 (1959) S. 312/313.

N. N.: Machine Age Overtakes Patents, Staff Report. Chem. Eng. News 33 (1955) S. 150.

N. N.: Mechanized Patent Searching. JPOS 38 (1956) S. 106/107.

Orosc, G., & Takács, L.: Some Probability Problems Concerning the Marking of Codes into the Superimposition Field. J. Doc. 12 (1956) S. 231/234.

Perry, J. W.: The ACS Punched Card Committee. An Interim Report. Chem. Eng. News 27 (1949) S. 754/756.

Perry, J. W.: Information Analysis for Machine Searching. Am. Document. 1 (1950) S. 133/139.

Perry, J. W.: The Crisis in Compiling and Correlating Chemical Literature. The Chimist 29 (1952) S. 325/330.

Perry, J. W., Berry, M. M., & Kent, A.: Machine Literature Searching. VI. Class Definition and Code Construction. Am. Document. 5 (1954) S. 238/244.

Perry, J. W., & Casey, R. S.: Mechanized Searching. Encyclopedia of Chemical Technology 8 (1952) S. 449/467.

Perry, J. W., Kent, A., & Berry, M. M.: Machine Literature Searching, I. A General Approach. Am. Document. 5 (1954) S. 18/22.

Perry, J. W., Kent, A., & Berry, M. M.: Machine Literature Searching. IX. Operational Functions of Automatic Equipment. Am. Document. 6 (1955) S. 166/174.

Perry, J. W., Kent, A., & Berry, M. M.: Machine Literature Searching. X. Machine Language; Factors Underlying its Design and Development. Am. Document. 6 (1955) S. 242/254.

Pfeffer, H., Koller, H. R., & Marden, E. C.: A First Approach to Patent Searching, Procedures on Standard's Electronic Automatic Computer (SEAC). Am. Document. 10 (1959) S. 20/26.

Redies, B.: Mechanical Patent Searching. Industrial Property Quarterly No. 2, April 1958 S. 53/57.

Sanford, J. A., & Theriault, F. R.: Problems in the Application of Uniterm Coordinate Indexing. College and Research Libr. 17 (1956) S. 19/23.

Schüller, J. A.: Het Uniterm System of Coordinate Indexing. Tijdschrift voor Efficientie en Documentatie 25 (1955) S. 175/189.

Shannon, C. E.: A Mathematical Theory of Communication. B. S. T. J. 27 (1948) S. 379/423 und 623/656.

Shaw, R. R.: The Rapid Selector. J. Doc. 5 (1949) S. 164/171.

Tasman, P.: Literary Data Processing. IBM Journal 1 (1957) S. 249/256.

Taube, M., and Associates: Storage and Retrieval of Information by Means of the Association of Ideas. Am. Document. 6 (1955) S. 1/18.

Taube, M., Gull, C. D., & Wachtel, I. S.: Unit Terms in Coordinate Indexing. Am. Document. 3 (1952) S. 213/218.

te Nuyl, Th. W.: The "l'unité" Documentation System. A Mechanized System for Storing and Retrieving Information ... Rev. Doc. 25 (1958) S. 65/73.

Thorne, R. G.: The Efficiency of Subject Catalogues and the Cost of Information Searches. J. Doc. 11 (1955) S. 130/148.

Tyler, A. W., Myers, W. L., & Kuipers, J. W.: The Application of the Kodak Minicard System to Problems of Documentation. Am. Document. 6 (1955) S. 18/30.

Vickery, B. C.: Some Comments on Mechanical Selection. Am. Document. 2 (1951) S. 102/107.

Vickery, B. C.: Notational Symbols in Classification. J. Doc. 8 (1952) S. 14/32.

Vickery, B. C.: The Inadequacy of Current Classifications for Scientific Indexing. Rev. Doc. 19 (1952) S. 87/91.

Vickery, B. C.: Systematic Subject Indexing. J. Doc. 9 (1953) S. 48/57.

Vickery, B. C.: Developments in Subject Indexing. J. Doc. 11 (1955) S. 1/11.

Vickery, B. C.: Notational Symbols in Classification, Part II: Notation as an Ordering Device. J. Doc. 12 (1956) S. 73/87.

Vickery, B. C.: Notational Symbols in Classification. Part. III: Further Comparisons of Brevity. J. Doc. 13 (1957) S. 72/77.

Watson, R. C.: Punched Cards for Steroid Compounds. Off. Gaz. U. S. Patent Office, Band 722, No. 1 v. 3. 9. 1957 S. 1.

Watson, R. C.: Committee on Mechanized Searching. JPOS 36 (1954) S. 609.

Weaver, W.: The Patent Office Problem. Am. Document. 6 (1955) S. 129/133; JPOS 37 (1955) S. 613/624.

Weinstein, Sh. J., & Drozda, R. J.: Adaption of Coordinate Indexing System to a General Literature and Patent File: Machine Posting. Am. Document. 10 (1959) S. 122/129.

Westendorp, J.: De Toepassing van Ponskaartensystemen ... Bibliotheekleven 41 (1956) S. 289/298.

Wise, C. S., & Perry, J. W.: Multiple Coding and the Rapid Selector. Am. Document. 1 (1950) S. 76/83.

Wyart, J.: A Short Survey of Technical and Scientific Documentation in France. J. Doc. 8 (1952) S. 93/98.

Autorenregister

Adler, F. H. 96
Albrecht, H. F. 14, 15, 19, 96
Andrews, D. D. 96, 101
Asman, I. B. 96

Bailey, M. F. 101
Ball, N. T. 101
Bauer, A. 59
Baxendale, P. B. 101
Bennett, E. M. 102
Berry, M. M. 94, 102, 103, 104
Bohnert, L. M. 102
Booth, R. E. 102
Braband, C. 25, 97
Bradford, S. C. 94
Brämer, J. 97
Braffort, P. 102
Büchen, W. 79, 85, 100
Busch, R. 57, 100

Campbell, D. J. 102
Casey, R. S. 94, 104
Castillon, H. 94
Cirkler, F. 19, 22, 70, 97
Clason, W. E. 97
Cochran, S. M. 102
Cordonnier, G. 102
Couffignal, L. 94
Curtis, L. J. 96

Danilof, H. 14, 15, 19, 21, 22, 35, 56, 70, 80, 97
Danner, H. 14, 20, 72, 79, 97
De Bray, R. G. 97
Deicke, S. 97
Dewey, M. 20
Dick, O. 72, 79, 97
Dickmann, H. 13, 79, 80, 97
Donker-Duyvis, F. 97
Draheim, H. 97
Drozda, R. J. 105

Emery, A. H. 102
Fairthorne, R. A. 102
Farradane, J. E. L. 102
Frank, O. 13, 24, 70, 84, 94, 98
Fricke, J. 19, 22, 98
Fritzsche, H.-J. 98
Frome, J. 102
Fuchs, K. 14, 19, 98

Gardner, M. 94
Giertz, L. M. 16
Gradnauer, E. 16
Greidanus 70
Grobe, G. 19, 98
Gruetzner, C. C. 16
Gull, C. D. 104

Hantke, G. 16
Harth 98
Hauffe, G. 21, 58, 80, 83, 84, 98
Heimerdinger, W. 14, 17, 19, 20, 21, 22, 71, 72, 84, 97, 98, 99
Heine, H. G. 98
Herrmann, E. 14, 98
Herz, H. 16, 98
Hillbo, G. 102
Howell, W. W. 103
Hungermann, E. H. 19, 22, 70, 97

Jackson, W. 94
Jánszky, L. 16
Jeffery, C. W. 102

Kägi, K. 13, 69, 71, 72, 98
Karámousas, N. 73
Kent, A. 16, 94, 95, 102, 103, 104
King, A. 16, 98, 103

King, G. W. 103
Kirchstein, G. 98
Kistermann, Fr. 98
Klauer, G. 17
Knappe, W. 71, 79
Koblitz, J. 13, 19, 99
Koller, H. R. 103, 104
Konecny, E. 99
Krauße, H. 17
Kuipers, J. W. 104
Kunze, A. 22, 23, 24, 56, 99

Lanham, B. E. 101, 103
Lehrack, K.-D. 99
Leibowitz, J. 102, 103
Leroy, A. 102
Loosjes, Th. P. 16
Luehrs, F. U. 102, 103
Luhn, H. P. 103
Luther, M. 16

Mack, J. D. 103
Maierson, A. T. 103
Majewski, Z. 16, 94
Malina, O. 99
Marden, E. C. 104
Mathys, E. 99
Mathys, H. R. 103
Meldau, R 99
Meyer, E. 5, 13, 14, 17, 19, 21, 22, 71, 72, 84, 94, 98, 99
Mikolajski, M. 99
Möhring, Ph. 17
Mooers, C. N. 103
Mulert, G. 16
Myers, W. L. 104

Nathanson, O. 99
Newman, S. 96
Newman, S. M. 103
Nischk, K. 99

Orosz, G. 103

Peakes, G. L. 95
Pechhold, E, 13, 42, 71, 99
Perry, J. W. 94, 95, 102, 103, 104, 105
Pfeffer, H. 104
Pietsch, E. 13, 14, 15, 16, 21, 69, 71, 72, 84, 86, 99, 100
Preisher, H. 56, 100

Rakov, B. M. 16
Rau, G. 56, 100
Redies, B. 104
Rieder, J. 15, 100
Rossbach, P. 22, 100
Rubach, W. 14, 15, 19, 23, 79, 100
Rupprecht, H. 100

Sascaro, G. 16
Sanford, J. A. 104
Sattelberg, K. 100
Scheele, M. 24, 95, 100
Scher, A. 100
Scherpenhuijsen, Rom 16, 100
Scherrer, P. 13,14, 95
Schmidt, H. 100
Schön, O. 23, 57, 71, 95, 100
Schüller, J. A. 16, 104
Schürmeyer, W. 70, 100
Schultze, R. S. 13, 16, 100
Schuurmans-Steckhoven, G. 16
Shannon, C. E. 104
Shaw, R. R. 104
Sheel, P. 16
Shera, J. H. 95
Siegel, H. 14, 15, 84, 100
Singer, T. E. R. 95
Soeken, H.-K. 79, 85, 100
Spohr, O. H. 16
Stummvoll, 100 J.
Susen, C. L. 101

Takács, L. 103
Tasman, P. 104
Taube, M. 95, 104
te Nuyl, Th. W. 104
Theriault, F. R. 104
Thorne, R. G. 104
Trumpf, H.-J. 95
Tscherenin, V. P. 16
Tyler, A. W. 104

Ühlein, E. 98, 101

van Andel, G. M. 16
van Waasbergen, Ir. P. 14, 57, 72, 79, 101
Vickery, B. C. 104, 105
Voigt, H. 14, 101

Wachtel, I. S. 104
Watson, R. C. 105
Weaver, W. 105
Wegmüller, F. 23
Weidlich, R. 101
Weinstein, Sh. J. 105
Wernicke, K. G. 16
Wertenson, F. 22, 23, 101
Westendorp, J. 71, 101, 105
Wise, C. S. 105
Wooster, H. 95
Wüster, E. 101
Wuesthoff, F. 101
Wyart, J. 16, 101, 105

Zekalle, R. 101
Zeunert, G. 101
Zschokke, H. 101

Sachregister

Abkürzungen 9, 59, 61, 63
Abkürzungen, internationale — 59
Ältere Rechte 73
Äquivalenz s. Begriffsketten, gleichwertige— ;
Alphabetische Ordnung 20, 21, 35, 36, 41, 55, 57, 69, 81, 89
s. a. Stellkartei, alphabetische Ordnung von —en;
Analyse technischen Schrifttums 13, 14, 19, 73, 74, 75, 77, 79, 80, 88, 89, 90
Anmelder, Fachsprache des —s 24
Anmelder als Initiator von Begriffsketten 33, 37, 58, 78, 82, 90
s. a. Begriffsketten, Bildung von —;
Begriffsketten, vorgegebene —;
Anwendbarkeit, allgemeine — der Begriffsketten — Fundstellen — Stellkartei 33, 88, 89
Aufgabe der Dokumentation 13, 15, 19, 20
Aufgabe der Patentdokumentation 19, 20
Ausland, Dokumentation im — 15, 16, 72
s. a. Patentdokumentation im Ausland,
Ausreißer 42, 50, 68ff.
Auswertebogen 73, 74
Auswertung 13, 14, 19, 73, 74, 75, 77, 79, 80, 88, 89, 90
s. a. Fachmann als Auswerter;
Prüfer als Auswerter;
Auswertung, Fein-— 75, 79, 89
Auswertung, Grob-— 73ff., 75, 79, 80
Auswertung, mehrfache — 79, 80
Auswertung, Richtlinien zur — 79, 89
Auswertung, Total-— 79, 80, 90
Auswertungsergebnisse, Speicherung von —n 14, 21, 34, 56, 72, 73, 75, 83, 90
s. a. Einspeicherung;
Fundstellen, Eintragung von —;
Autor als Initiator von Begriffsketten 38, 78
s. a. Begriffsketten, Bildung von —;
Begriffsketten, vorgegebene —;

Begriffe, dokumentationswürdige — 22, 23, 76, 77, 78, 90
s. a. Begriffsketten, dokumentationswürdige —;
Begriffe, dokumentationswürdige —, Beschränkung der — n — 22, 23, 76, 77, 78, 90
Begriffe, entbehrliche — 24
Begriffe, genormte — 35, 43, 44
s. a. Begriffsketten, genormte —;
Begriffe, Lehre von den —n 25ff.
Begriffe, logische Verknüpfung von —n 28, 30, 78
Begriffe, neue — 23, 24, 78
s. a. Speicherung neuer Begriffe;
Begriffe, Wahl der — 24
Begriffsbestimmung der Dokumentation 13, 14
Begriffsketten, „Aufrollen“ von — 31ff.
Begriffsketten, Bildung von — 33, 34, 35, 37, 38, 58, 64, 66, 78, 82, 85, 86 88, 90,
s. a. Anmelder als Initiator von Begriffsketten;
Autor als Initiator von Begriffsketten;
Begriffsketten, vorgegebene —;
Begriffsketten, dokumentationswürdige — 78

Begriffsketten, genormte — 37, 38, 43, 44, 45, 46
s. a. Kartenköpfe, normierte —;
Begriffsketten, Gewicht von — 33, 54, 78
Begriffsketten, gleichwertige — 46, 70
s. a. Formulierungen, mehrere — für einen technischen Sachverhalt;
Begriffsketten, Lehre von den — 28ff.
Begriffsketten, optische Kennzeichnung von — 29
Begriffsketten, technisch sinnlose — 33
Begriffsketten, übergeordnete — 31, 32, 33, 34, 35, 54, 55, 79, 82
s. a. Begriffsketten, verkürzte —;
Begriffsketten, Verkürzung von —;
Begriffsketten, verkürzte — 34, 35, 79
s. a. Begriffsketten, übergeordnete —;
Begriffsketten, Verkürzung von —;
Begriffsketten, Verkürzung von — 79
s. a. Begriffsketten, übergeordnete —;
Begriffsketten, verkürzte —;
Begriffsketten, vorgegebene — 33, 38, 58
s. a. Anmelder als Initialtor von Begriffsketten;
Autor als Initiator von Begriffsketten;
Begriffsketten, Bildung von —;
Belastung des Prüfers 20, 21, 86
Bereinigung der Fachsprache 24
Beschwerdeverfahren 73
Bibliographische Angaben für Bücher 63
Bibliographische Angaben für Patentschriften 63, 64, 65, 84
Bibliographische Angaben für Zeitschriften 61, 62, 84
Bibliothek, Aufbau patentamtlicher —en 85
Blindrecherche 83, 87

Deutsches Patentgesetz 15, 17
Diskrete Schrifttumsstellen 58, 59, 60, 61, 62, 64, 65, 69, 75, 82, 84, 86
Dokumentation, Historisches zur — 13, 15
Dokumentation als Umspeicherung 15, 83
Dokumentationsverfahren 19, 20, 35, 84
Dokumentationsverfahren, halbmechanische — 19
Dokumentationsverfahren, manuelle — 19, 20
s. a. Handsortierung;
Dokumentationsverfahren, maschinelle — 19, 35
s. a. Durchsatzleistung von Lochkartenmaschinen;
Durchsatzleistung von Lochkartenmaschinen 69

Einspeicherung 21, 24, 34, 41, 50, 52, 59, 60, 64, 67, 68, 70, 72, 73, 75, 81, 83, 86, 89, 90
s. a. Auswertungsergebnisse, Speichecherung von —n;
Fundstellen, Eintragung von —;
Einspruchsverfahren 73
Entspeicherung 56, 57, 70, 72, 84, 89, 90
s. a. Fragestellung für die Entspeicherung;
Erfindung 15, 17, 19, 73
Erfindung, alte —en 15
Erfindung als Geistesprodukt 15, 17, 19
Erfindung, neue —en 15, 17
Erfindung, Wiederholbarkeit von —en 15, 19
Ergänzungskarten 42, 57ff., 67
Erstrecherche 34, 60, 73
Erweiterungsfähigkeit von Karteien 24, 87

Fachausdrücke 24
Fachausdrücke, ungebräuchliche — 24
Fachbuch als Wissensspeicher 14
Fachmann als Auswerter 79
Fachsprache 24, 25, 28
Fachsprache des Anmelders 24
Fachsprache, Bereinigung der — 24
Folgekarten 69
Formulierungen, mehrere — für einen technischen Sachverhalt 24, 37, 38, 44, 45, 46, 51, 52, 70, 80, 81, 82
s. a. Begriffsketten, gleichwertige —;

Fortdruck von Begriffsketten-Fundstellen-Stellkarteien 88
Fragestellung für die Entspeicherung 57, 70, 72, 84, 89, 90
Fragestellung, wesensfremde — 89, 90
Fundstellen, Eintragung von — 41, 58, 59, 60, 61, 63, 64, 65, 67, 68, 75, 81, 82, 83, 84, 86
s.a. Auswertungsergebnisse, Speicherung von —n;
Bibliographische Angaben;
Einspeicherung;
Fundstellenkarten 42, 58, 64, 75, 81, 82, 83, 86

Gebrauchsmuster 18
Geheimwissenschaft, Patentdokumentation als — 20
Gemeinschaftsarbeit 85, 88
Gewerblicher Rechtsschutz 21, 85, 89
s. a. Ältere Rechte;
Griffigkeit von gespeichertem Wissensgut 14, 15, 19, 70, 90

Handeln, Regel für technisches — 17, 19, 24
Handkartei, Prüfer - — 41
Handsortierung s. Dokumentationsverfahren, manuelle —;
Handsortierung, mechanische 19
Hilfskräfte, Einsatz von —n 47, 73, 75, 80ff.
Hinweiskarten 42, 47ff., 64, 68, 70, 75, 81, 82, 87

Karteien 19, 20, 21, 23, 24, 33, 35, 36, 38, 41, 42, 43, 47, 49, 50, 57, 67, 68, 69, 70, 71, 72, 75, 80, 81, 83, 86, 87, 88, 89, 90
s. a. Stellkartei;
Karteien, dynamische — 42
Karteien, Schreibtisch-— 41
Karteien, statische — 42, 72
Karteien, Umfang von — 70, 88
s. a. Speicher, Umfang von —n;
Karteien, Wachstum von — 70, 71, 90
Karteikarten, Einstellung von 20, 21, 35, 36, 41, 42, 57, 69, 81
s. a. Stellkartei, alphabetische Ordnung von —en;
Stellkartei, Ordnung von —en;
Karteikarten, Kapazität von — 41, 42, 64, 66, 71
Karteikarton 41
Kartenkategorien 42ff.
Kartenköpfe, normierte — 43
s. a. Begriffsketten, genormte —;
Kartenmaterial s. Karteikarton;
Kartenvergleich s. Suche durch —;
Kennzeichnender Teil von Patentansprüchen 33, 35, 81
Klartext 20, 86
Klassifikation des Schrifttums 15, 58, 73, 80
Konstruktionsprinzipien, Kennzeichnung von — 28, 53, 87
Koordination 20, 39, 41

Leitkarten 42ff., 50, 52, 57, 58, 66ff.
Literarisch gegebener Stand der Technik 17
Literaturflut 13, 14, 85
Literaturflut, Eindämmung der — 85
Literaturflut, Fachliteraturflut 14
Lochkarten 19, 21, 22, 58, 69, 70, 71, 72, 86, 89, 90
Lochkartenmaschinen 69, 70, 72, 90
s. a. Durchsatzleistung von Lochkartenmaschinen;
Lochkartensprache 21, 22
Lochkartentechnik 86, 89
Lochstreifen 19

Maschinenlochkarten 19, 22, 58, 71, 89, 90

Nachteile der Begriffsketten-Fundstellen-Stellkartei 88
Narrensicherheit 23, 42
Neuheitsprüfung 15, 17, 18, 19, 21, 37, 41, 72, 73, 75, 80, 84, 85, 86, 88, 89, 90
Nichtigkeitsverfahren 73, 86

Normen 14, 18, 25, 95ff.
s. a. Begriffe, genormte —;
Begriffsketten, genormte —;
Kartenköpfe, normierte —;

Oberbegriff von Patentansprüchen 33
Offenkundige Vorbenutzung 15, 17
Ordnungszwang 88, 89

Papierne Technik 17
Patentdokumentation im Ausland 72
Patentdokumentation, entbehrliche —? 89
Patentdokumentation im Entwicklungsstadium 84
Patentdokumentation, maschinelle — 19, 22, 35, 56, 57, 59, 69, 70, 71, 72, 89, 90
s. a. Dokumentationsverfahren, maschinelle —;
Durchsatzleistung von Lochkartenmaschinen;
Lochkartenmaschinen;
Maschinenlochkarten;
Patentdokumentation, maschinelle —, Ablehnung der —n — 89
Patentdokumentation, pflichtgemäße — 72, 75, 85, 88
Patentdokumentation, Praxis der — 19, 23, 77
Patentdokumentation, Rationalisierung der — 84
Patentdokumentation, Schwierigkeiten der — 35, 56, 72, 80
Patentdokumentation, Träger der — 85
s. a. Fachmann als Auswerter;
Prüfer als Auswerter;
Patentdokumentation als Wissenschaft 20
Patentklassifikation 15, 58, 73
Patentschriften als Wissensspeicher 15
Prüfer als Auswerter 79

Rationalisierung s. Patentdokumentation, Rationalisierung der —;
Recherche, s. Suche
s. a. Blindrecherche
Erstrecherche
Referate 18, 21, 23, 60, 90

Schlüssel s. Verschlüsselung;
Schrifttum, Technisches —, Wachstum des —n —s 13
Schrifttum, Wachstum des —s 13
s. a. Schrifttum, Technisches —, Wachstum des —n —s;
Schrifttumskartei 70, 71
Schrifttumskarten 20, 42, 58, 71
Speicher, Umfang von —n 88
s. a. Karteien, Umfang von —;
Speicherung 15, 22, 23, 24, 72, 73, 75, 76, 77, 78, 79, 83, 90
s. a. Auswertungsergebnisse, Speicherung von —n;
Dokumentation als Umspeichering;
Einspeicherung;
Entspeicherung;
Fachbuch als Wissensspeicher;
Fragestellung für die Entspeicherung;
Griffigkeit von gespeichertem Wissensgut;
Patentschriften als Wissensspeicher;
Speicherung, beschränkte — 22, 23, 73, 75, 76, 77, 78, 79, 90
Speicherung neuer Begriffe 24, 78
Speicherung, überflüssige — 76, 77, 78
Speicherung, unbeschränkte — 24, 72, 73
Stammbaumstruktur der Technik 38ff.
Stammkarten 42ff., 57, 58
Stand der Technik 17, 33
s. a. Literarisch gegebener Stand der Technik;
Standortsnachweis 58, 59, 61, 63, 64
Stellkartei 19, 20, 21, 23, 24, 33, 35, 36, 38, 41, 42, 43, 47, 49, 50, 57, 67, 68, 69, 70, 71, 75, 80, 81, 83, 86, 88, 89, 90
s. a. Anwendbarkeit, allgemeine — der Begriffsketten-Fundstellen-Stellkartei;
Stellkartei, alphabetische Ordnung von —en 21, 35, 41, 57, 69, 81

Stellkartei, Anforderungen an —en 23, 24, 42
Stellkartei, Ausgliederung von —en 57, 67
Stellkartei, Ordnung von —en 20, 21, 35, 36, 41, 57, 69, 81
s. a. Karteikarten, Einordnung von —;
Stellkartei, alphabetische Ordnung von —en;
Stellkartei, Sachverhalts-Fundstellen- —en 21, 35, 38, 41, 43, 47, 49, 67, 68, 69, 70, 71, 80, 81, 83, 86, 88, 90
Stellkartei, Vorzüge von —en 23, 24, 41, 49, 86ff.
s. a. Vorteile der Begriffsketten-Fundstellen-Stellkartei;
Subordination 20, 39, 41
Suche 19, 20, 24, 34, 41, 60, 69, 70, 71, 73, 75, 79, 81, 83, 87, 90
s. a. Blindrecherche;
Erstrecherche;
Suche, einmalige — 19, 73
Suche, „gezielte" — 87
Suche durch Kartenvergleich 83, 87
Synonyme 24, 78

Technische Sachgebiete, Aufgliederung —r — 38ff., 67, 86
Terminologische Schwierigkeiten 24, 35, 42

Umlaute, Schreibweise von —n 81
Unteranspruch 63

Verknüpfung 28, 30, 38, 45, 49, 50, 51, 52, 54, 55, 56, 73, 75, 78, 81
s. a. Begriffe, logische Verknüpfung von —n;
Verknüpfung, Beispiel einer — 54ff.
Verknüpfung, Kennzeichnung durchgeführter — 49, 50, 55, 75
Verschlüsselung 21, 22, 86, 89, 90
Vorsilben, sprachlich unselbständige — 28
Vorteile der Begriffsketten-Fundstellen-Stellkartei 41, 49, 86ff.

Wachstum
s. Karteien, Wachstum von —;
Schrifttum, Technisches —, Wachstum des —n —s;
Schrifttum, Wachstum des —s;
Warenzeichen 42
Wasserkopfkarten 42, 46, 57, 58, 64ff.
Wiederholungseffekt 19, 90
Worte, sprachlich unselbständige — 26, 27, 28, 47, 53
s. a. Vorsilben, sprachlich unselbständige —;

Zeitschriftenverlage, Dokumentation bei —n 85
Zitieren, Erleichterung des —s 84
Zusammenarbeit s. Gemeinschaftsarbeit

BUSSE

Patentgesetz und Gebrauchsmustergesetz

in der Fassung vom 18. Juli 1953

2. Auflage. Oktav. XIX, 726 Seiten. 1956. Ganzleinen DM 48,—
(Sammlung Guttentag Band 244)

„Die Lektüre des Kommentars zeigt sofort, daß der Autor mit der Praxis und mit dem Geschäftsgang des Deutschen Patentamtes aufs innigste vertraut ist und daß diese Vertrautheit seinem Kommentar eine besondere Note verleiht.
In einer etwa 40 Seiten umfassenden systematischen Einführung wird das Wesen des gewerblichen Rechtsschutzes, die Bedeutung des Patentrechtes und dessen geschichtliche Entwicklung in Deutschland dargelegt, der weitere Aspekt zukünftiger Entwicklung skizziert und die Abgrenzung des Patentgesetzes zu benachbarten Gesetzgebungen sowie seine Beziehungen zu anderen Gesetzesmaterien aufgezeigt. Diesem allgemeinen Teil folgt die Kommentierung des Patentgesetzes und des Gebrauchsmustergesetzes sowie eine mit kurzen Verweisungen versehene Wiedergabe des Patentanwaltsgesetzes und der zugehörigen Gesetze und Verordnungen. Und den Abschluß bilden ein internationaler Teil mit der PVUe und den durch Deutschland geschlossenen Sonderverträgen, eine Staatenübersicht der Verbandsstaaten mit Angabe der für die einzelnen Staaten geltenden Fassung und Beitrittsdaten, des geltenden Patentgesetzes und der Daten seiner seitherigen Änderungen, sowie der Anschrift der Patentbehörde des betreffenden Landes. Die rasche Auffindbarkeit der Stelle ‚an der ein gesuchtes Problem behandelt ist, dient ein detailliertes Sachregister".

Schweizerische Mitteilungen über gewerblichen Rechtsschutz und Urheberrecht

BUSSMANN - PIETZCKER - KLEINE

Gewerblicher Rechtsschutz und Urheberrecht

Begründet von Dr. ALEXANDER ELSTER †
3., erweiterte und völlig umgearbeitete Auflage.
Mit Abdruck der Gesetzestexte, der Internationalen Verträge und der amtlichen Entwürfe.
Oktav. XXII, 791 Seiten. 1962. Ganzleinen DM 48,—

(Lehrbücher und Grundrisse der Rechtswissenschaft Band 8)

Die Darstellung ist so gehalten, daß das Werk dem mit der Materie befaßten nicht juristisch ausgebildeten Praktiker als Studienbuch dienen kann. Für jeden, auch den juristischen Fachkenner, soll es ein Buch zur schnellen Orientierung über wichtige Fragen und grundsätzliche Zusammenhänge sein. Dementsprechend enthält es auch alle einschlägigen Gesetzestexte, sowie die Texte alter maßgeblicher internationaler Verträge und die Entwürfe des Bundesjustizministeriums zur Urheberrechtsreform. Die bis zum Sommer 1961 veröffentlichte Literatur und Rechtsprechung ist berücksichtigt. Bei der Zitierung von Entscheidungen haben sich die Verfasser möglichst auf höchstrichterliche Urteile beschränkt.

WALTER DE GRUYTER & CO · BERLIN W 30

vormals G. J. Göschen'sche Verlagshandlung
J. Guttentag, Verlagsbuchhandlung · Georg Reimer · Karl J. Trübner · Veit & Comp.

SOMMER-SCHÖNFELD

Management - Dictionary

Fachwörterbuch für Betriebswirtschaft, Wirtschaft- und Steuerrecht und Lochkartenwesen

2 Bände im Oktavformat. Flexibler Plastikeinband.

2., durchgesehene und erweiterte Auflage.

English-Deutsch: 230 Seiten. 1962. DM 14,—

Deutsch-English: Etwa 250 Seiten. 1962. In Vorbereitung

„Das Buch vereinigt zahlreiche Ausdrücke der modernen Wirtschaftssprache und bildet damit ein Nachschlagewerk, das dem Praktiker in Industrie und Handel stets von neuem benötigte Informationen vermittelt. Als besonders wertvoll erweist sich hierbei, daß der Band viele neue wirtschaftliche Fachausdrücke berücksichtigt, die in anderen Wörterbüchern kaum zu finden sind.“ *Schweizer-Industrie-Blatt*

KIRCHNER

Abkürzungsverzeichnis

der Rechtssprache auf der Grundlage der für den Bundesgerichtshof geltenden Abkürzungsregeln bearbeitet

Oktav. XII, 347 Seiten. 1957. DM 30,—

„Es ist ein ungeheures Material, das der Verfasser — der als Bibliotheksdirektor beim BGH zu einem Werke dieser Art besonders berufen ist — in mühsamer und entsagungsvoller Kleinarbeit zusammengetragen und souverän verarbeitet hat. Das vorzügliche Werk sollte bei keinem Gericht und keiner Verwaltungsbehörde fehlen; auch der einzelne Praktiker, Lehrer und Forscher wird es zu seinem unentbehrlichen Handwerkszeug rechnen müssen. Im übrigen ist zu wünschen, daß sich Wissenschaft und Praxis weitgehend an die beherzigenswerten Abkürzungsvorschläge des Kirchner halten mögen.“
Die öffentliche Verwaltung, Stuttgart

WALTER DE GRUYTER & CO · BERLIN W 30

vormals G. J. Göschen'sche Verlagshandlung
J. Guttentag, Verlagsbuchhandlung · Georg Reimer · Karl J. Trübner · Veit & Comp.

FSC
www.fsc.org
MIX
Papier | Fördert
gute Waldnutzung
FSC® C083411

Kolibri 360 GmbH
Ferdinand-Jühlke-Straße 7
99095 Erfurt, Deutschland
produktsicherheit@kolibri360.de